Impressum
Verlag: BABADADA GmbH, Nedderfeld 112 , 22529 Hamburg
Geschäftsführer / Verlagsleitung: Harald Hof
Druck: Books on Demand GmbH, In de Tarpen 42, 22848 Norderstedt

Imprint
Publisher: BABADADA GmbH, Nedderfeld 112 , 22529 Hamburg, Germany
Managing Director / Publishing direction: Harald Hof
Print: Books on Demand GmbH, In de Tarpen 42, 22848 Norderstedt, Germany

dugsi

школа

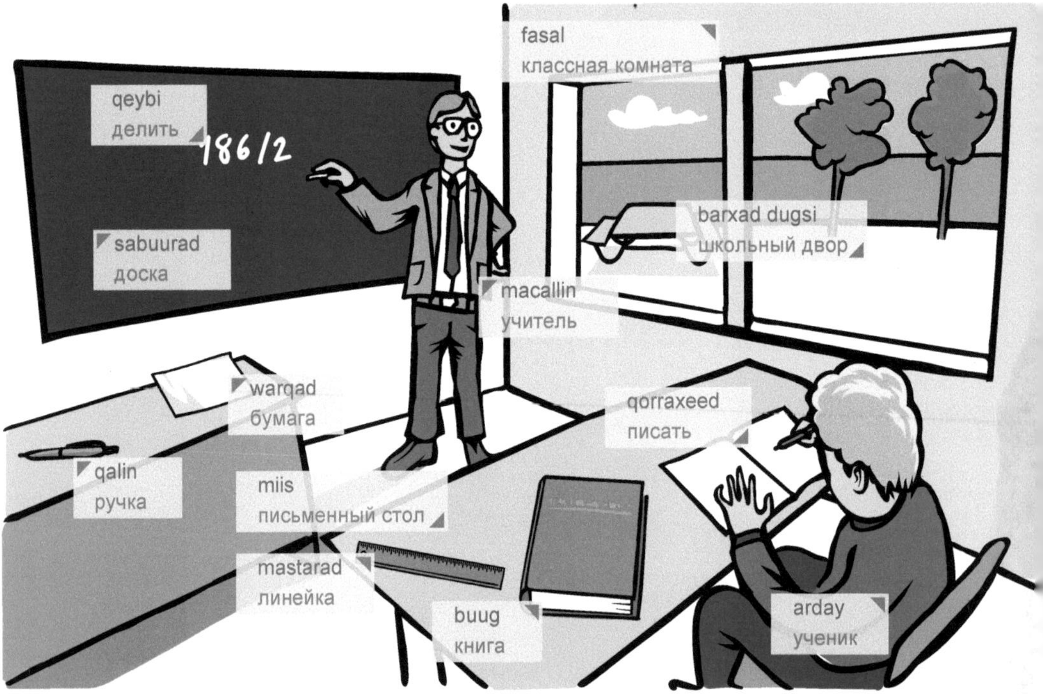
fasal
классная комната
qeybi
делить
186/2
sabuurad
доска
barxad dugsi
школьный двор
macallin
учитель
warqad
бумага
qorraxeed
писать
qalin
ручка
miis
письменный стол
mastarad
линейка
buug
книга
arday
ученик

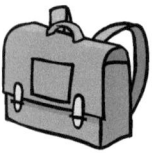

boorso

ранец

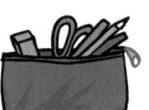

kiis qalin-qori

пенал

qalin-qori

карандаш

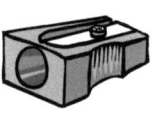

koobka qalin qor

точилка

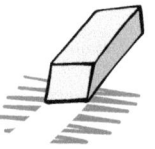

titirre

ластик

buugga sawirka

альбом для рисования

sawirid

рисунок

burushka midabaynta

кисточка

gasaca midabaynta

коробка красок

maqasyo

ножницы

koollo

клей

buug qoraal

тетрадь

shaqo-guri

домашняя работа

lambar

цифра

ku dar

прибавлять

ka jar

вычитать

ku dhufo

умножать

xisaabi

считать

warqad

буква

alifbeeto

алфавит

erey

слово

qoraal

текст

akhri

читать

jeesto

мел

cahsar

урок

diiwaan

классный журнал

imtixaan

экзамен

shahaado

диплом

direes dugsi

школьная форма

waxbarasho

образование

diwaan mowduuceed

энциклопедия

jaamacad

университет

mayskariskoob

микроскоп

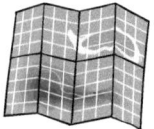

khariidad

карта

haan qashin-gur

корзина для бумаг

safar

путешествие

hoteel
гостиница
Grand
hoteel jiif-cunto
турбаза
xafiiska sarrifaka lacagaha
пункт обмена валюты
EXCHANGE
shandad-dhar
чемодан
baabuur
автомобиль

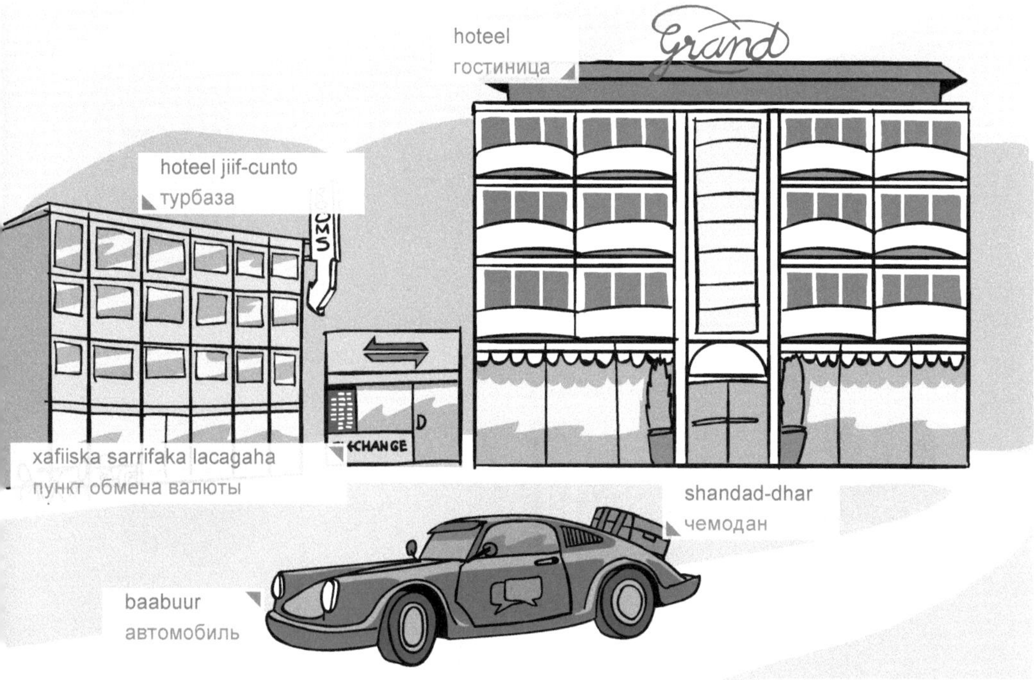

luuqad
язык

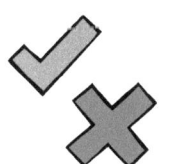

haa / maya
да / нет

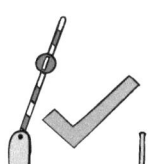

Hagaag
хорошо

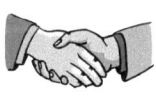

nabad miyaa
Привет

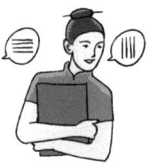

turjumaan
переводчик

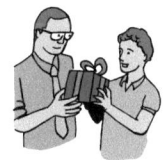

Waad mahadsan tahay
Спасибо

waa immisa…?

Сколько стоит…?

ma aanan fahamin

Я не понимаю

dhibaato

проблема

galab wanaagsan!

Добрый вечер!

subax wanaagsan!

Доброе утро!

habeen wanaagsan!

Доброй ночи!

nabad gelyo

До свидания

jiho

направление

alaabo

багаж

boorso

сумка

boorso-dhabar

рюкзак

marti

гость

qol

комната

katiifad

спальный мешок

teendho

палатка

safar - путешествие

xog dalxiis

туристическая
информация

xeebta

пляж

kaar amaah

кредитная карточка

quraac

завтрак

qado

обед

casho

ужин

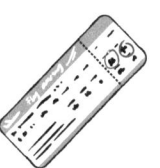

rasiid

билет

wiish

лифт

tiimbare

почтовая марка

xuduud

граница

qeybta-canshuur-bixinta

таможня

safaarad

посольство

dal ku gal

виза

baasaboor

паспорт

gaadiid

транспорт

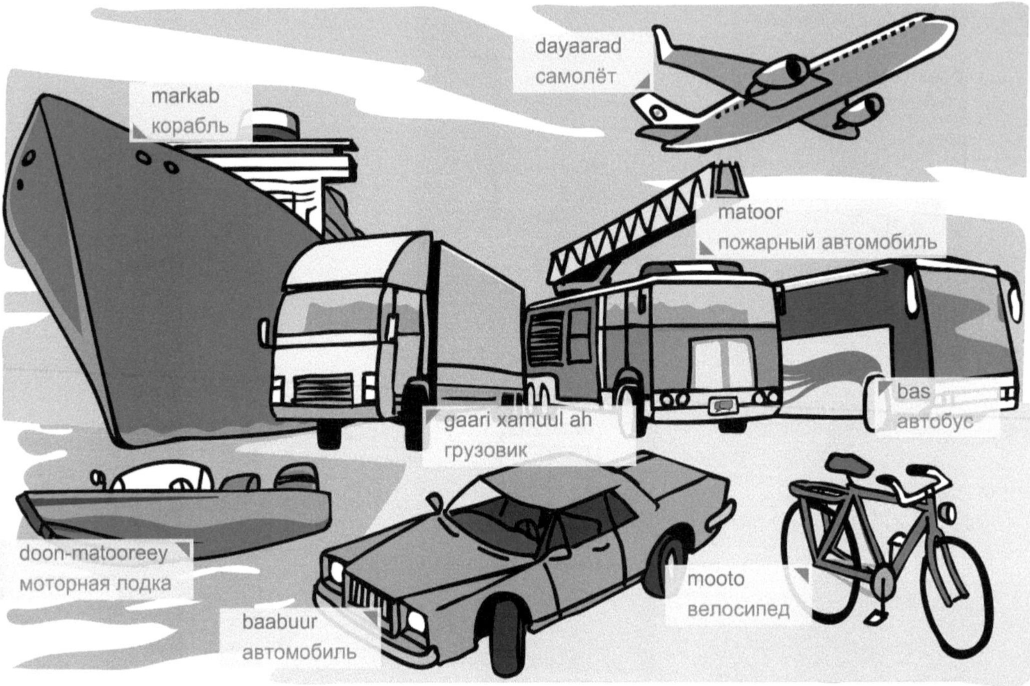

dayaarad
самолёт
markab
корабль
matoor
пожарный автомобиль
bas
автобус
gaari xamuul ah
грузовик
doon-matooreey
моторная лодка
mooto
велосипед
baabuur
автомобиль

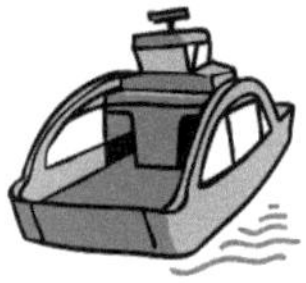

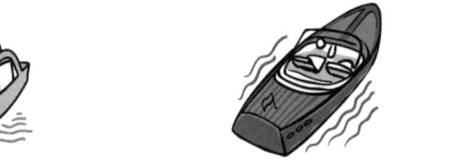

doon

паром

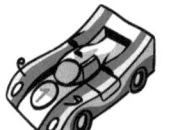

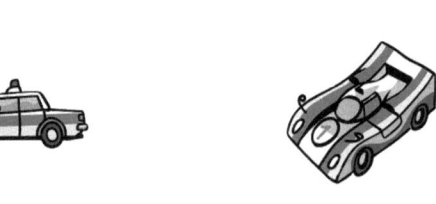

doonnida

лодка

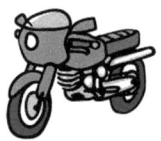

mooto

мотоцикл

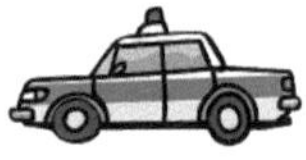

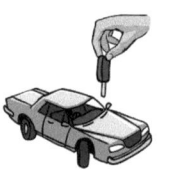

baabuur booliis

полицейский автомобиль

baabuur baratan

гоночный автомобиль

baabuur la-kiraysto

арендованный автомобиль

gaadiid-wadaag

совместное пользование
автомобилями

wiishle

буксировочный
автомобиль

gaari qashin-gure

мусоровоз

matoor

двигатель

shidaal

топливо

ajib

заправка

calaamad taraafiko

дорожный знак

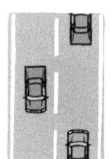

taraafiko

движение

jaam baabuur

пробка

baarkin-baabuur

автостоянка

boosteejo tareen

вокзал

waddo-tareen

рельсы

tareen

поезд

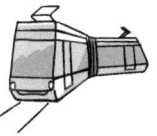

taraam

трамвай

gaari faras

вагон

helikobtar

вертолёт

garoonka dayuuradaha

аэропорт

manaarad

вышка

rakaab

пассажир

weel

контейнер

kartoon

коробка

gaari faras

тележка

dambiil

корзина

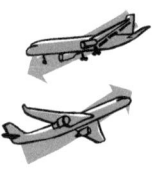

kicid / degis

взлетать / приземляться

magaalo

город

tuulo

деревня

faras magaale

центр города

guri

дом

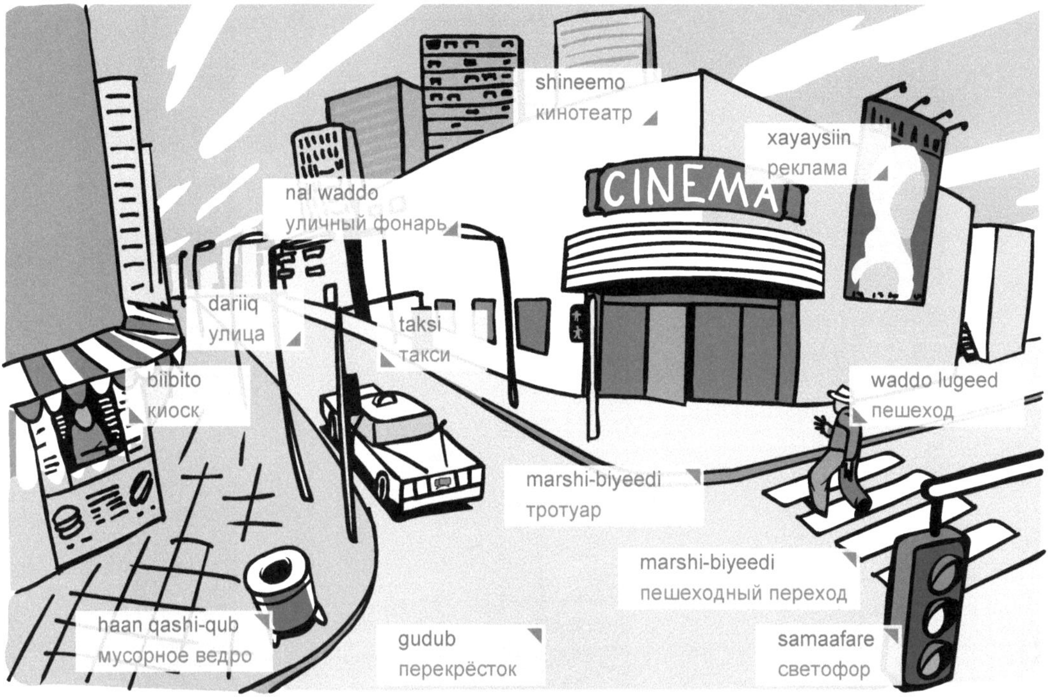

shineemo
кинотеатр

xayaysiin
реклама

nal waddo
уличный фонарь

CINEMA

dariiq
улица

taksi
такси

waddo lugeed
пешеход

biibito
киоск

marshi-biyeedi
тротуар

marshi-biyeedi
пешеходный переход

haan qashi-qub
мусорное ведро

gudub
перекрёсток

samaafare
светофор

mundul

хижина

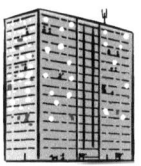

dabaq

квартира

boosteejo tareen

вокзал

xarunta dowladda-hoose

ратуша

matxaf

музей

dugsi

школа

jaamacad

университет

bangi

банк

isbitaal

больница

hoteel

гостиница

farmasi

аптека

xafiis

офис

buug shoob

книжный магазин

dukaan

магазин

dukaan ubax

цветочный магазин

carwo

супермаркет

suuq

рынок

suuq weyne

универмаг

kalluun-iibshe

торговец рыбой

suuq

торговый центр

furdo

порт

jardiino

парк

kursi

скамейка

buundo

мост

jaraanjaro

лестница

waddo-tareen-hoosaad

метро

waddo-dhul hoose

тоннель

boosteejo

автобусная остановка

baar

бар

makhaayad

ресторан

sanduuq boosto

почтовый ящик

calaamad waddo

табличка с названием
улицы

joogid-cabbire

паркометр

beer-xayawaan

зоопарк

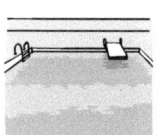

barkad dabbaalasho

бассейн

masaajid

мечеть

beer

ферма

naqas

загрязнение окружающей среды

qabuuro

кладбище

kaniisad

церковь

garoon

детская площадка

macbad

храм

muqaal-dhireed

ландшафт

caleen — лист

calaamad-waddo — дорожный указатель

waddo — дорога

seere — луг

dhagax — камень

geed — дерево

buur korre — путешественник

webi — река

caws — трава

ubax — цветок

dooxo

долина

buur

гора

laag

озеро

kayn

лес

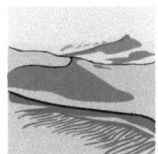

saxare

пустыня

foolkaano

вулкан

qasri

замок

qaanso-roobaad

радуга

barkin-waraabe

гриб

geed timireed

пальма

kaneeco

комар

duqsi

муха

qoraanjo

муравей

shinni

пчела

caaro

паук

dameer-duudeey

жук

rah

лягушка

dabagaalle

белка

kashiito

еж

dabagaalle

заяц

guumeys

сова

shimbir

птица

boolo-boolo

лебедь

doofaar-jilibeey

кабан

deero

олень

faras-duur

лось

biyo-xireen

плотина

tamar-dhaliye

ветряной генератор

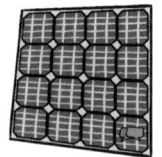

soollar

солнечная батарея

cimilo

климат

makhaayad
ресторан

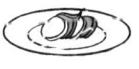

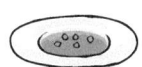

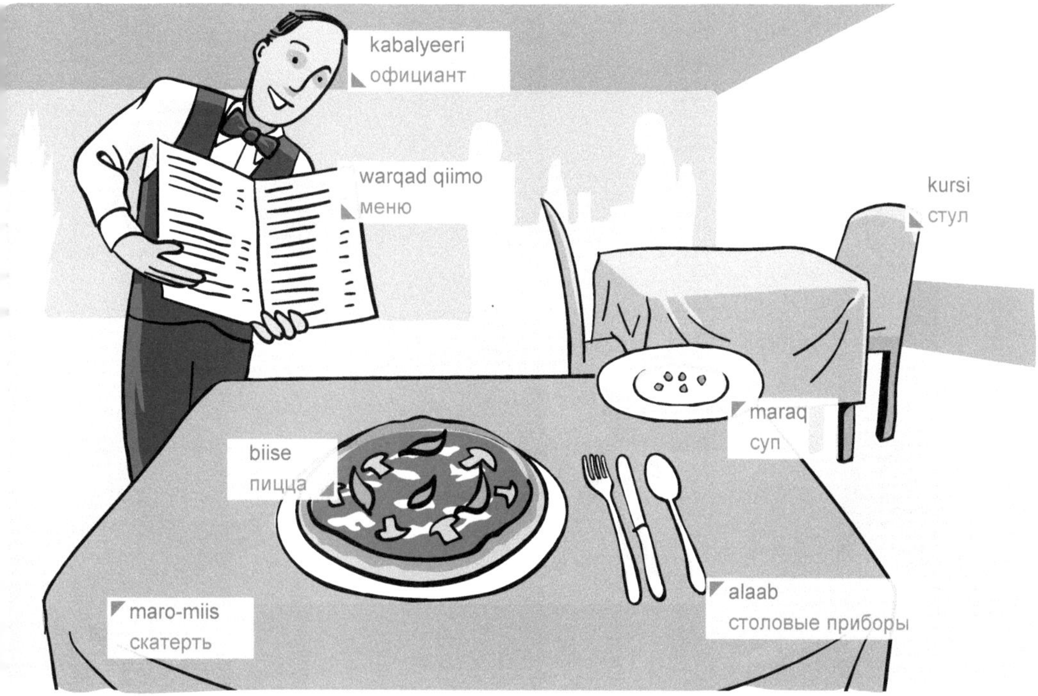
kabalyeeri
официант
warqad qiimo
меню
kursi
стул
maraq
суп
biise
пицца
alaab
столовые приборы
maro-miis
скатерть

af-billow
....
закуска

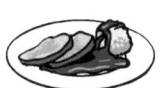

cunto bariimo
....
главное блюдо

macmacaan
....
десерт

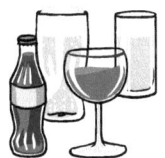

cabitaan
....
напитки

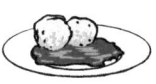

cunto
....
еда

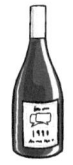

dhalo
....
бутылка

cunto diyaarsan

фастфуд

cunto-waddo

уличная еда

jalmad shaah

чайник

weelka sonkorta

сахарница

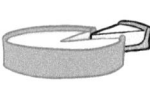

qayb

порция

mashiinka isbareesada

кофеварка

kursi dheer

детский стульчик

biil

счет

tereey

поднос

mindi

нож

fargeeto

вилка

qaaddo

ложка

malqacad-shaah

чайная ложка

shukumaan miis

салфетка

galaas

стакан

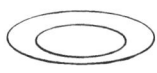

saxan

тарелка

saxanka maraqa

суповая тарелка

saxan

блюдце

suugo

соус

weelka cusbada

солонка

basbaas shiide

мельница для перца

fixiye

уксус

saliid

масло

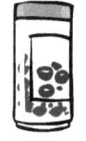

dhandhanaan

специи

suugo

кетчуп

mastaard

горчица

mayoonees

майонез

carwo
супермаркет

qiima dhimis qaas ah
специальное предложение
FOR
macmiil
покупатель
caano
молочные продукты
miro
фрукты
gaariga adeega
тележка для покупок

BUTCHERS

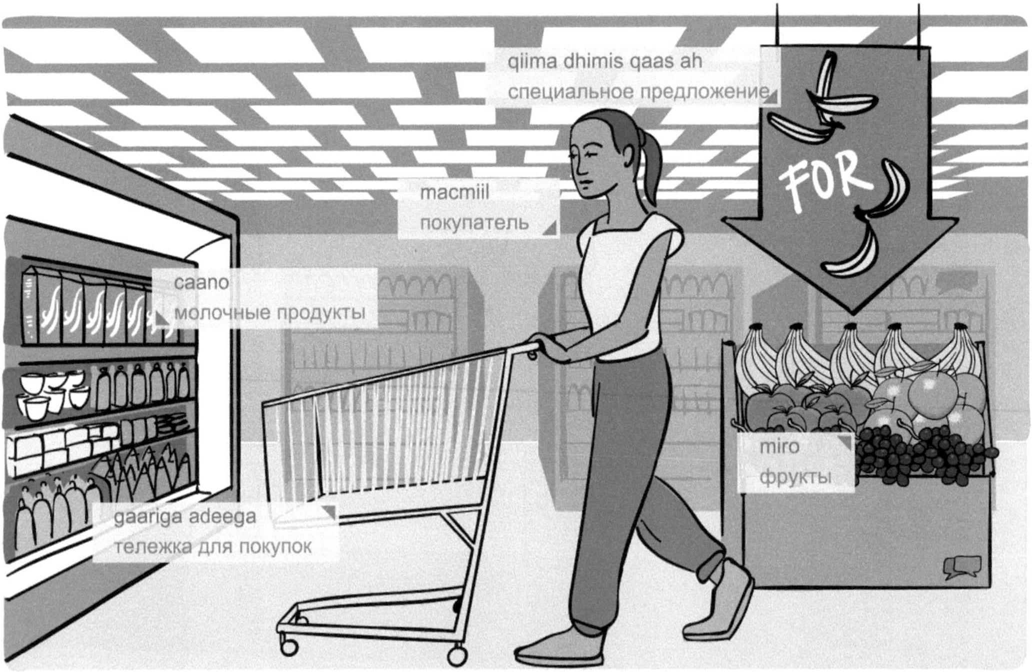

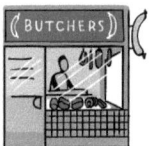

kawaan

мясной магазин

BAKERY

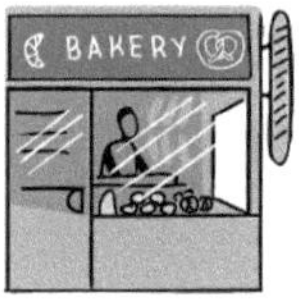

foorno

пекарня

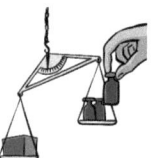

cabbir

взвешивать

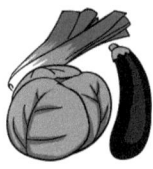

khudaar

овощи

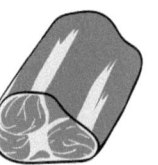

hilib

мясо

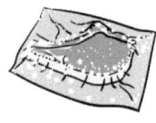

cunto la qaboojiyay

быстрозамороженные продукты

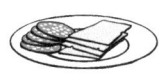

hilibka qadada

нарезка

cunto gasacadeysan

консервы

oomo

стиральный порошок

macmacaan

сладости

alaabada guri

предмет домашнего обихода

alaabo nadaafad

моющее средство

iibshe

продавщица

diiwaan lacagta

касса

qasnaji

кассир

liis adeeg

список покупок

saacadaha shaqo

время работы

shandada jeebka

бумажник

kaar amaah

кредитная карточка

bac

сумка

bac

полиэтиленовый пакет

biyo

вода

casiir

сок

caano

молоко

kooka-kola

кока-кола

khamri

вино

biir

пиво

khamri

алкоголь

kooke

какао

shaah

чай

kafee

кофе

isberesso

эспрессо

koobishiin

капучино

muus

банан

tufaax

яблоко

liin-bambeelmo

апельсин

qare

арбуз

liin

лимон

karooto

морковь

toon

чеснок

baambuu

бамбук

basal

лук

barkin-waraabe

гриб

loos

орехи

baasto

лапша

baasto

спагетти

bariis

рис

salar

салат

jibsi

картофель фри

baradho shiilan

жареный картофель

biise

пицца

haambeegar

гамбургер

saanwij

сэндвич

hilib-jiir

шницель

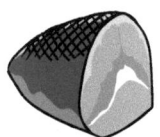

hilib-doofaar

ветчина

salami

салями

sooseej

колбаса

hilib-digaag

курица

duban

жаркое

kalluun

рыба

sareenta mashaarida

овсяные хлопья

quraac isku-dhafan

мюсли

daango

кукурузные хлопья

bur

мука

nooc rooti ah

круассан

rooti

булочка

rooti

хлеб

rooti-la-kulluleeyey

тост

buskud

печенье

subag

масло

hanti

творог

doolsho

пирог

ukun

яйцо

ukun shiilan

яичница

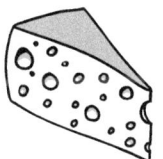

burcad

сыр

jalaato

мороженое

sonkor

сахар

malab

мёд

malmalaado

мармелад

labeen macmacaan

крем с нугой

suugo

карри

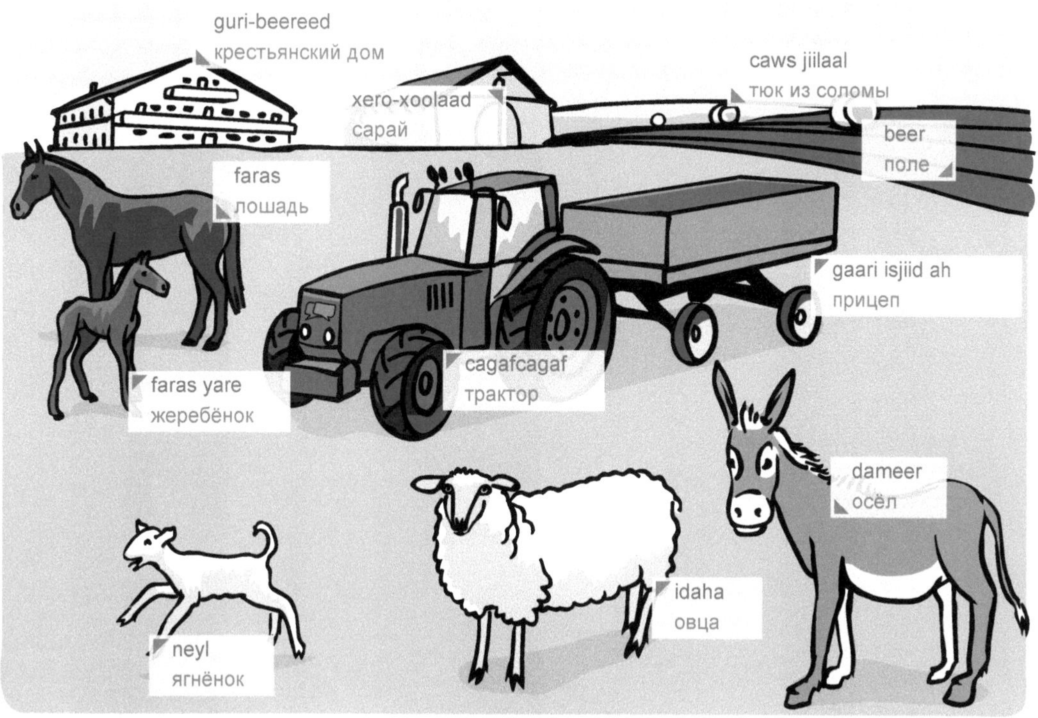

guri-beereed
крестьянский дом

caws jiilaal
тюк из соломы

xero-xoolaad
сарай

beer
поле

faras
лошадь

gaari isjiid ah
прицеп

faras yare
жеребёнок

cagafcagaf
трактор

dameer
осёл

idaha
овца

neyl
ягнёнок

ri'

коза

sac

корова

weyl

телёнок

doofaar

свинья

dhal doofaar

поросёнок

dibi

бык

bawaato lab

гусь

bawaato

утка

jiijiile

цыплёнок

digaag

курица

diiq

петух

doolli

крыса

bisad

кошка

jiir

мышь

dibi

вол

eey

собака

hoyga eeyga

конура

tuubbo waraab

садовый шланг

sakeelka waraabinta

лейка

gudin

коса

carro-roge

плуг

gudin

серп

yaambo

мотыга

fargeeto caws-beereed

навозные вилы

faas

топор

gaari -gacan

тачка

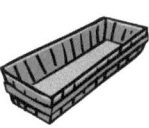

dar

корыто

dhalada caanaha

бидон для молока

jawaan

мешок

deer

забор

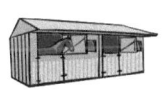

xero xooleed

хлев

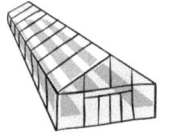

gur-biqlin-dhireed

теплица

ciidda

почва

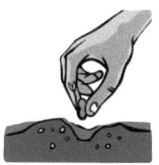

abuuka

посев

bacrimiye

удобрение

cagafta beer-goynta

комбайн

beer-goyn

собирать урожай

beer-gooyn

урожай

moxog

ямс

sarreen

пшеница

soya

соя

baradho

картофель

galley

кукуруза

geed-saliideed

рапс

geed mirood

фруктовое дерево

moxog

маниок

firiley

злаки

guri

дом

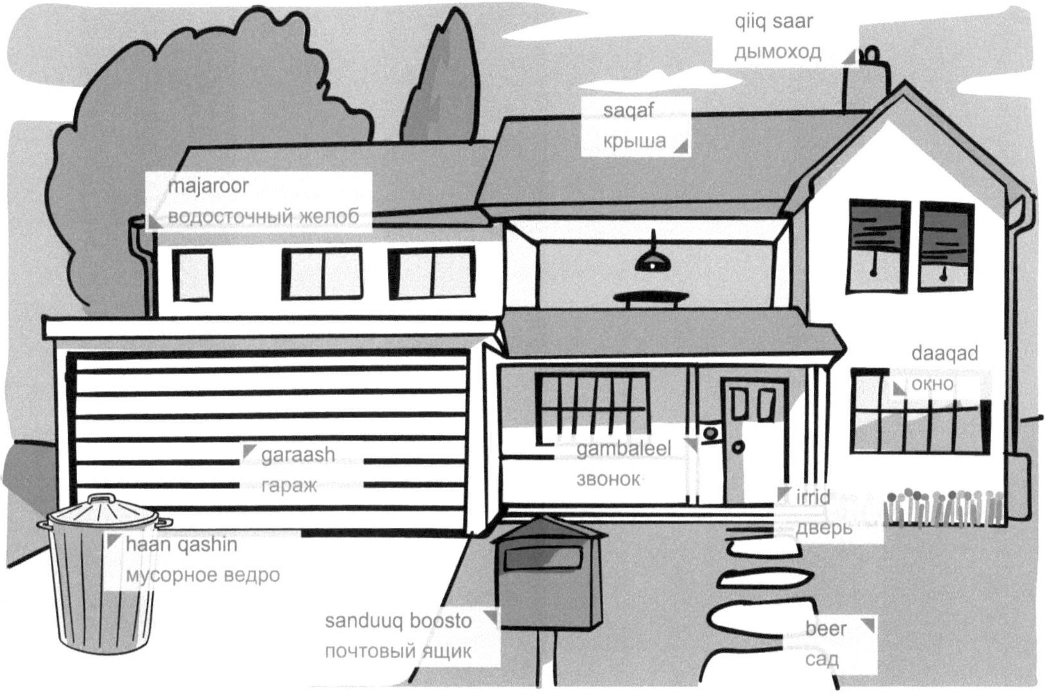

qiiq saar
дымоход
saqaf
крыша
majaroor
водосточный желоб
daaqad
окно
garaash
гараж
gambaleel
звонок
irrid
дверь
haan qashin
мусорное ведро
sanduuq boosto
почтовый ящик
beer
сад

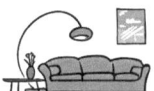

qol jiib

гостиная

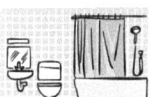

musqul-qubeys

ванная комната

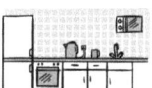

jiko

кухня

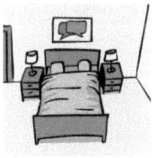

qolka jiifka

спальня

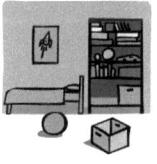

qolka ilmaha

детская комната

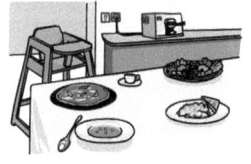

qolka cuntada

столовая

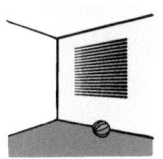

sagxad

пол

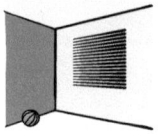

derbi

стена

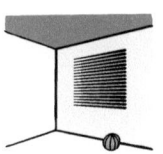

saqaf

потолок

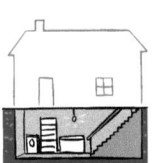

makhaasiin

подвал

soona

сауна

balakoon

балкон

daarad

терраса

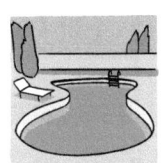

barkad

бассейн

caws-jare

газонокосилка

buste

пододеяльник

go'

покрывало

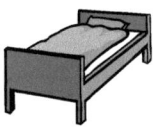

sariir

кровать

xaaqin

метла

baaldi

ведро

daare-damiye

выключатель

qol jiib
гостиная

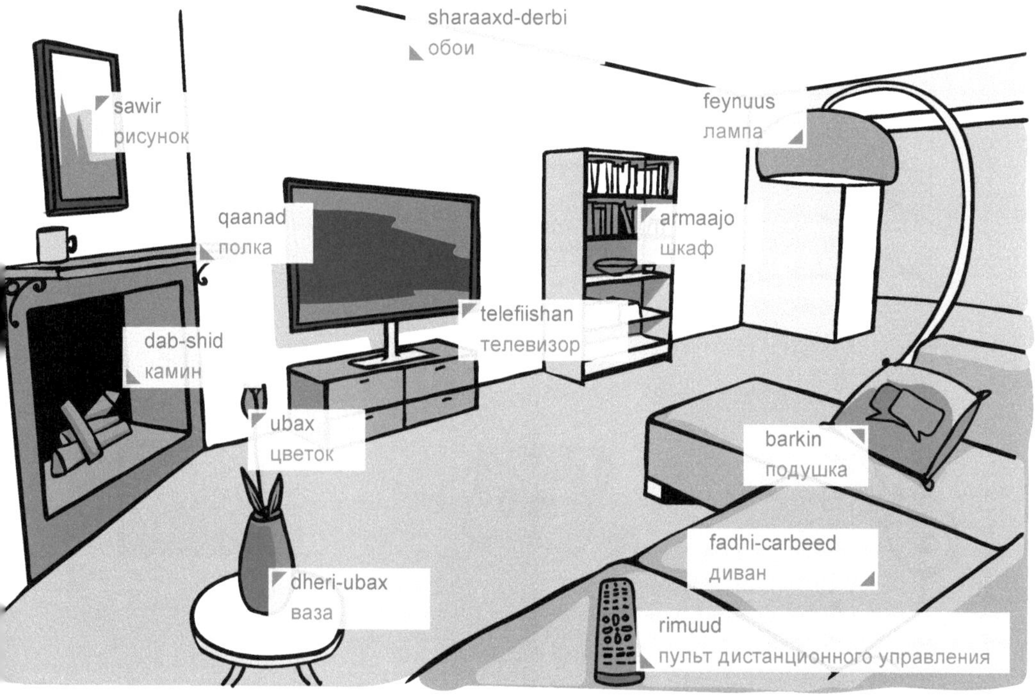
sharaaxd-derbi
обои
sawir
рисунок
feynuus
лампа
qaanad
полка
armaajo
шкаф
telefiishan
телевизор
dab-shid
камин
ubax
цветок
barkin
подушка
fadhi-carbeed
диван
dheri-ubax
ваза
rimuud
пульт дистанционного управления

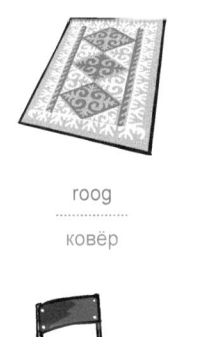

roog

ковёр

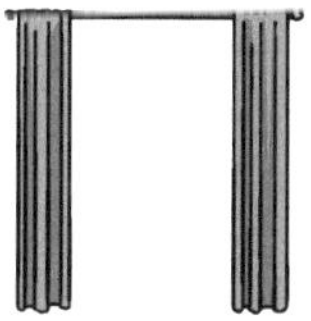

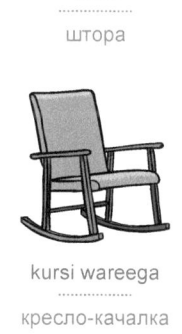

daah

штора

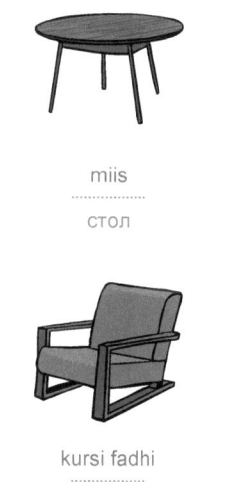

miis

стол

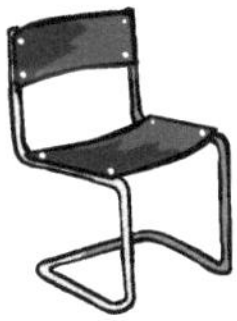

kursi

стул

kursi wareega

кресло-качалка

kursi fadhi

кресло

buug

книга

buste

покрывало

qurxin

украшение

xaabo

дрова

filin

фильм

cod-baahiye

стереосистема

fure

ключ

wargeys

газета

rinjiyeyn

картина

tabeelo

плакат

raadiye

радио

xusuus-qor

блокнот

huufar

пылесос

tiitiin

кактус

shumac

свеча

jiko
кухня

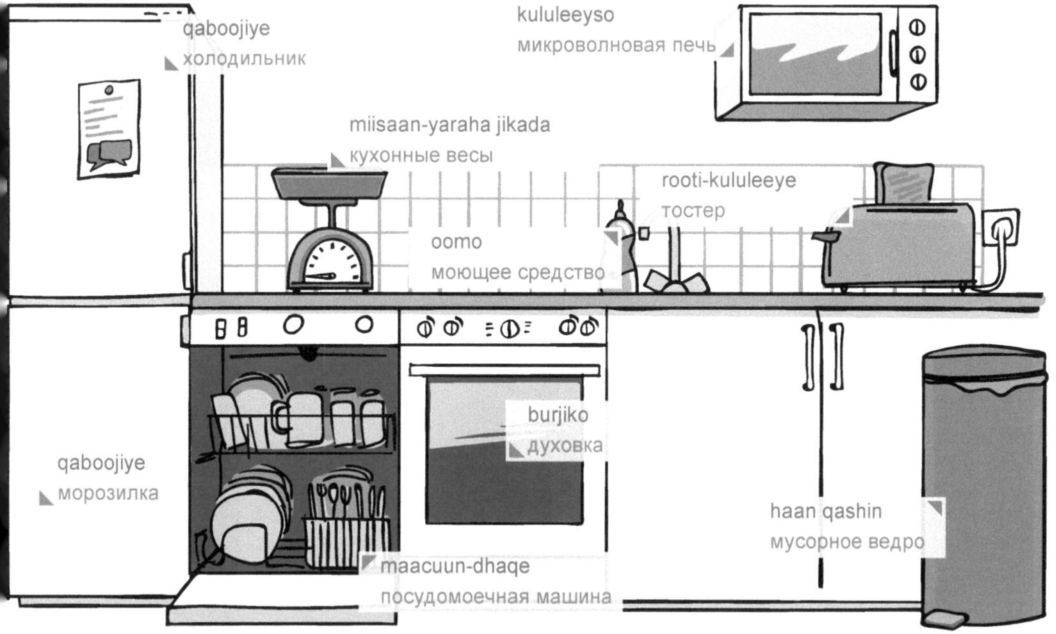
qaboojiye
холодильник
kululeeyso
микроволновая печь
miisaan-yaraha jikada
кухонные весы
rooti-kululeeye
тостер
oomo
моющее средство
burjiko
духовка
qaboojiye
морозилка
haan qashin
мусорное ведро
maacuun-dhaqe
посудомоечная машина

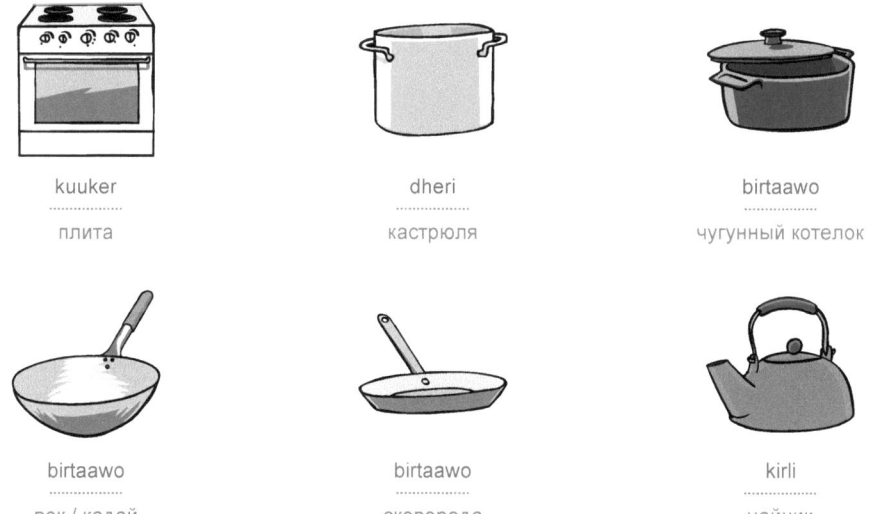

kuuker

плита

dheri

кастрюля

birtaawo

чугунный котелок

birtaawo

вок / кадай

birtaawo

сковорода

kirli

чайник

uumiye

пароварка

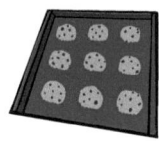

saxaarad dubista

противень

maacuun

посуда

bakeeri

кружка

baaquli

миска

qoryo wax lagu cuno

палочки для еды

malqacad

половник

qaado

лопатка

folow

сбивалка

miire

сито

shashaq

сито

qudaar-jare

тёрка

mooye

ступка

hilib-sol

гриль

dab

костёр

alwaaxa wax-jar-jarka

доска

ul jabaati

скалка

guf-saare

штопор

gasac

жестяная банка

gasac-fure

консервный нож

istaraasho-jiko

прихватка

saxanka-alaab-dhaqa

раковина

caday

щетка

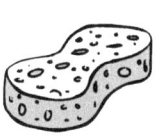

isbuunyo

губка

shiide

миксер

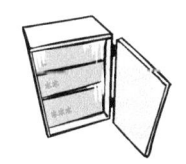

qaabojin qoto-dheer

морозильная камера

masaasad

бутылочка для кормления

tuubbo

кран

musqul-qubeys

ванная комната

kululeeye
отопление
shukumaan
полотенце
qubeys
душ
daaha qubeyska
душевая занавеска
xumbo qubeys
пенистая ванна
tuubbo qubeys
ванна
galaas
стакан
qasaalad
стиральная машина
tuubbo
кран
mar-mar
плитка
tuunji
горшок
saxanka-alaab-dhaqa
раковина

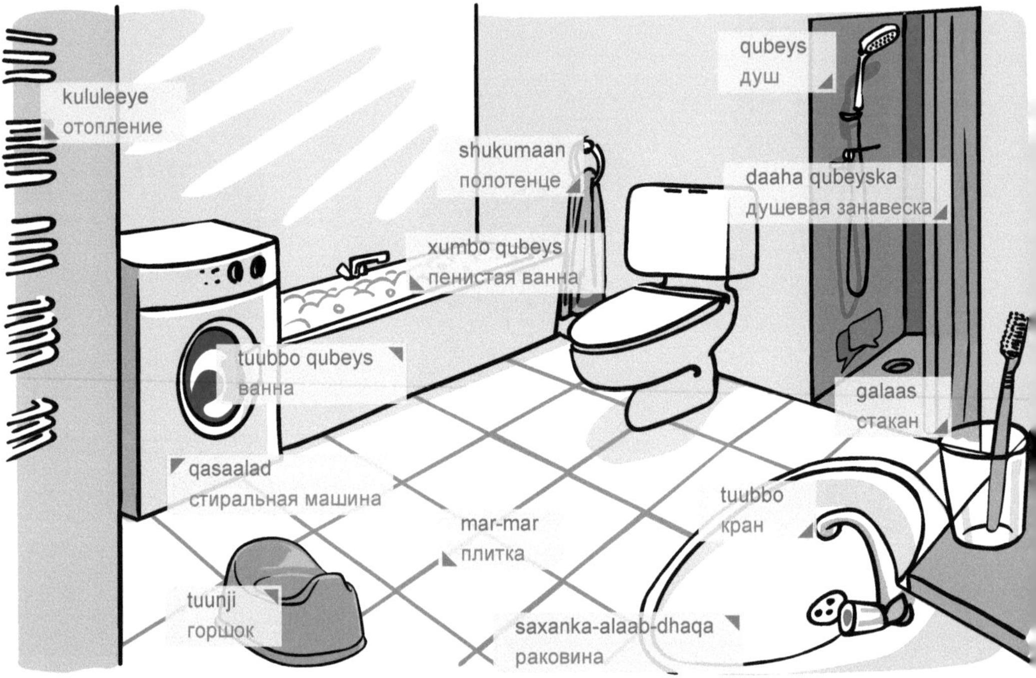

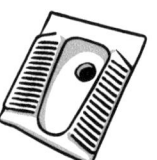

musqul

туалет

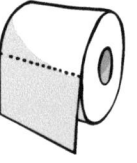

musqusha fadhiga

напольный унитаз

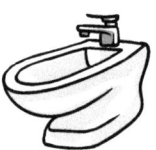

siin

биде

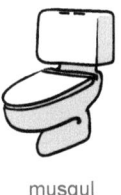

weel kaadi

писсуар

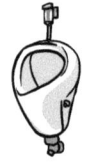

tiish musqul

туалетная бумага

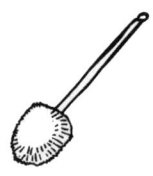

burushka musqusha

ершик

caday

зубная щетка

daawo caday

зубная паста

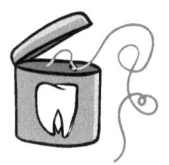

dunta ilka farashada

зубная нить

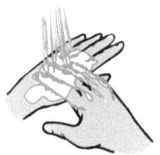

dhaq

мыть

gacan qubeys

ручной душ

tuubo-musqul

интимный душ

beeshin

таз

burush-qubeys

щетка для спины

saabuun

мыло

shaambo

гель для душа

shaambo

шампунь

cago-saar

мочалка

biyo-saare

сток

kareem

крем

carfiso

дезодорант

muraayad

зеркало

muraayad gacmeed

ручное зеркало

sakiin

бритва

xumbada xiirashada

пена для бритья

daawo gar-xiir

лосьон после бритья

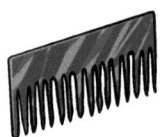

shanlo

расческа

burush

щетка

fooneeye

фен

timo-buufis

лак для волос

waji-qurxiye

косметика

rooseeto

губная помада

cidiyo-nadiifiye

лак для ногтей

dun

вата

cidiyo-jar

маникюрные ножницы

baarafuun

духи

boorso-wajidhaq

косметичка

saxaro

табуретка

miisaan culays

весы

dhar-qubeys

халат

gacma gashi cinjir

резиновые перчатки

tambooni

тампон

tiimshe

гигиеническая прокладка

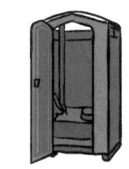

musqul kiimiko

биотуалет

qolka ilmaha
детская комната

saacadda dhawaaqda
будильник
boombale caruur
мягкая игрушка
baabuur caruureed
игрушечный автомобиль
sanqadh
погремушка
guriga caruusada
кукольный домик
hadiyad
подарок

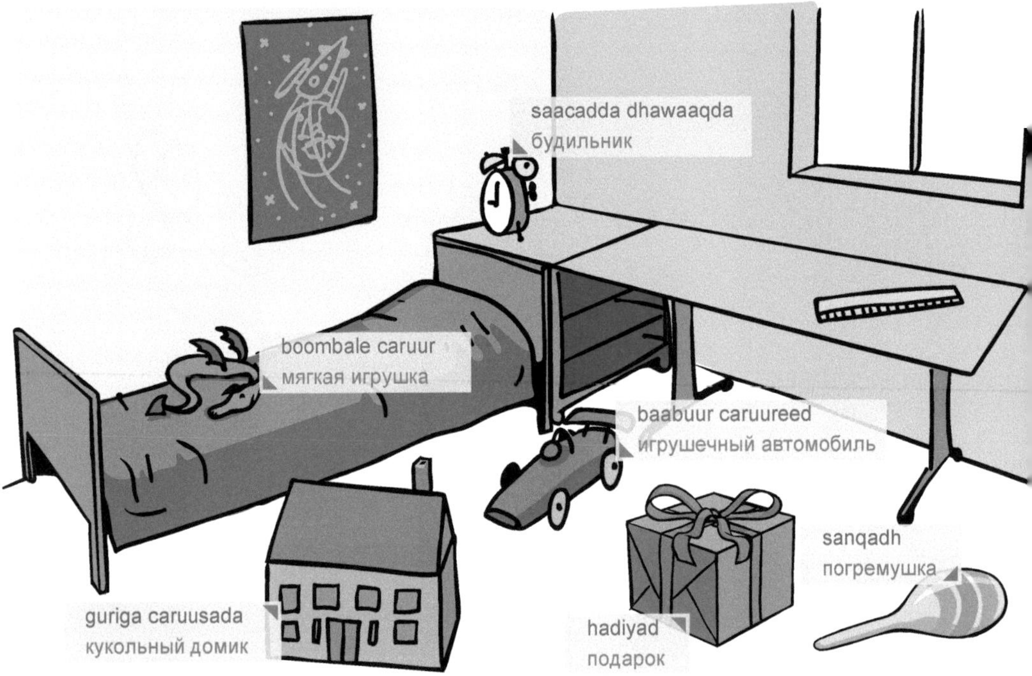

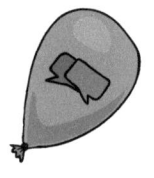

buufin
воздушный шар

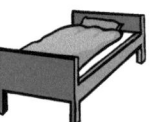

sariir
кровать

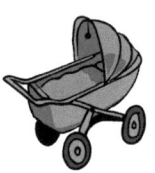

gaariga caruurta
детская коляска

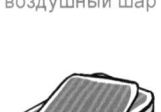

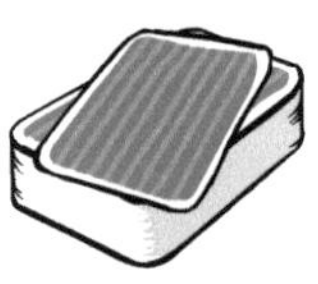

turub
карточная игра

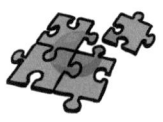

miinshaar
пазл

maad
комикс

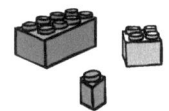

bulkeeti boombale ah

кирпичики Лего

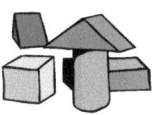

tooy

кубики

sanam

игрушечная фигурка

isku-jooga dhallaanka

ползунки

aalad cayaar

фрисби

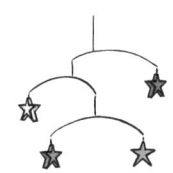

moobaayl

мобиле

khamaar

настольная игра

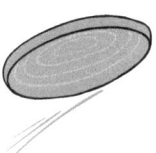

laadhuu

кубик

moodo tareen

модель железной дороги

boombale

соска

xaflad

вечеринка

buug sawirro

книга с картинками

kubbad

мяч

boombale

кукла

cayaar

играть

dhoobo-dhoobeey

песочница

wiifoow

качели

alaab-alaabeey

игрушка

geemka gacanta laga hago

игровая приставка

baaskiil

трёхколесный велосипед

boombale

плюшевый медвежонок

armaajo dhar

шкаф для одежды

dhar

одежда

sigisaan

носки

sigsaan haween

чулки

surwaal-dhuuqsan

колготки

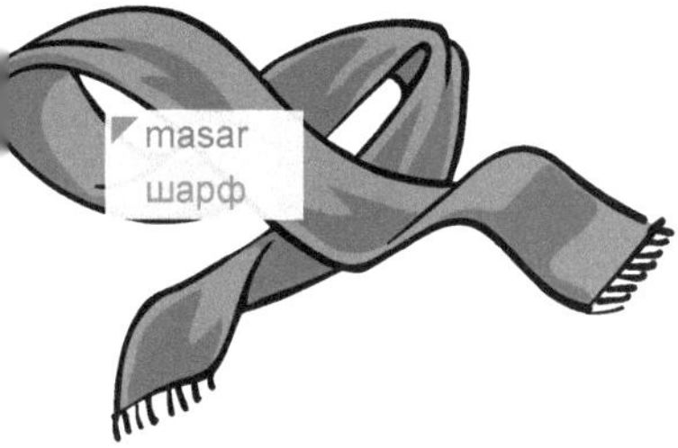

masar
шарф

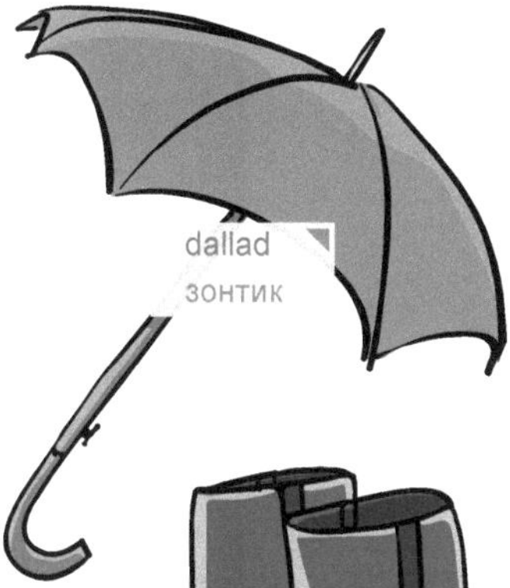

dallad
зонтик

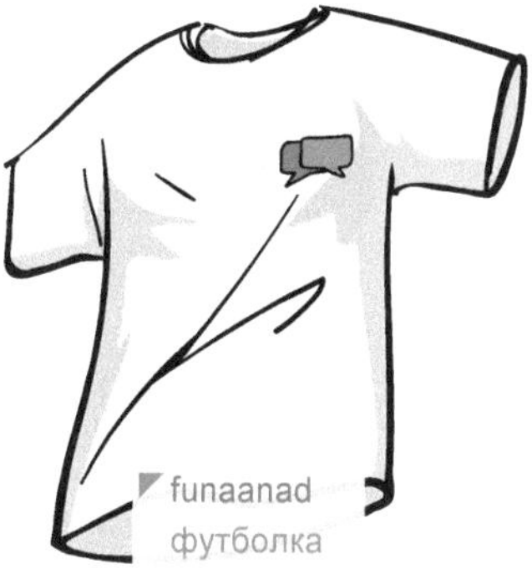

funaanad
футболка

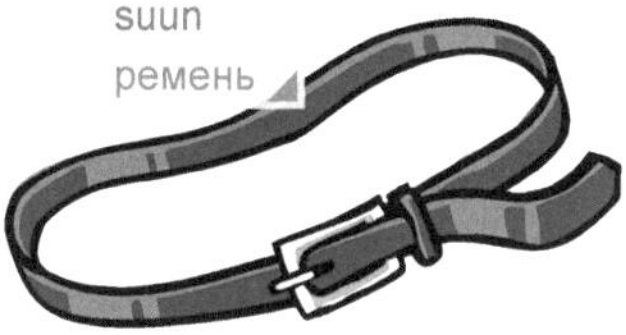

suun
ремень

kabo buud
сапоги

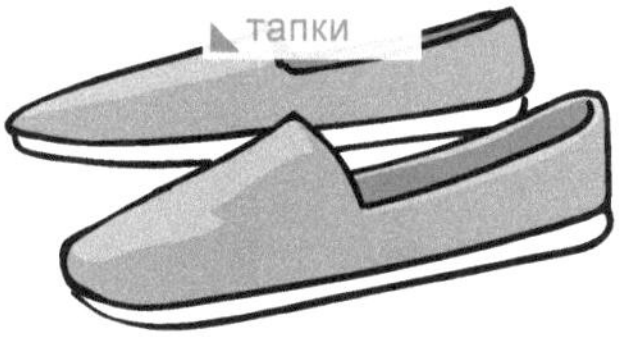

dacas
тапки

kabo tababar
кроссовки

saandalo
сандалии

kabo
ботинки

kabo roob
резиновые сапоги

hoos-gashi
трусы

rajabeeto
бюстгальтер

garan
майка

jir

боди

surwaal

брюки

surwaal jeenis

джинсы

goono

юбка

canbuur

блузка

shaati

рубашка

funaanad-dhaxameed

свитер

garan dhaxameed

свитер

jaakad fudud

спортивная куртка

jaakad

жакет

koodh

пальто

koodhka roobka

плащ

dhar-munaasabadeed

костюм

labbis

платье

lebbis aroos

свадебное платье

suut

мужской костюм

dhar-hurdo

ночная сорочка

bajaamo

пижама

saari

сари

masar

платок

cimaamad

тюрбан

cabaayad

паранджа

saako

кафтан

cabaayad

абайя

dharka-dabaasha

купальник

dabo-gaabyo

плавки

surwaal-dabagaab

шорты

taraak-suut

спортивный костюм

dufan-dhowr

фартук

gacmo gashi

перчатки

galluus

пуговица

ookiyaale

очки

jijin

браслет

silis

цепочка

faraati

кольцо

dhego dhego

серьга

koofiyo

шапка

katabaan

вешалка

koofiyad

шляпа

garabaati

галстук

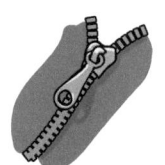

jiinyeer

застежка молния

helmed

шлем

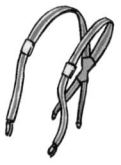

ilko-reeb

подтяжки

direes dugsi

школьная форма

direes

форма

cayo-dhowr

детский нагрудник

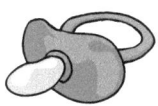

boombale

соска

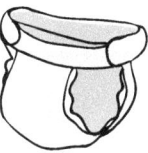

maro-dufeed

подгузник

xafiis
офис

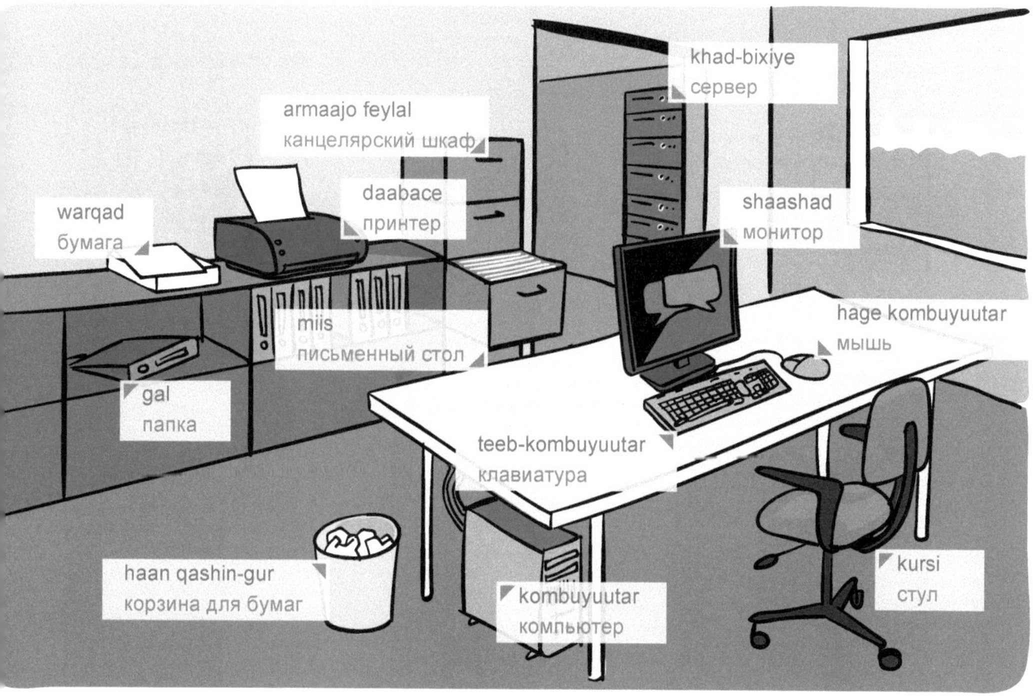

khad-bixiye
сервер

armaajo feylal
канцелярский шкаф

daabace
принтер

warqad
бумага

shaashad
монитор

miis
письменный стол

hage kombuyuutar
мышь

gal
папка

teeb-kombuyuutar
клавиатура

haan qashin-gur
корзина для бумаг

kombuyuutar
компьютер

kursi
стул

koob kafee

кофейная кружка

kalkuleytar/xisaabiye

калькулятор

internet

интернет

laabtoob

ноутбук

bakhshad

письмо

fariin

сообщение

moobaayl

мобильный телефон

shabakad-kombuyuutar

сеть

footokoobi

ксерокс

barnaamij-kombuyuutar

программа

telefoon

телефон

god koronto

розетка

mishiinkan fax-ka

факс

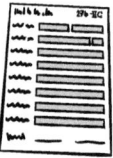

foomka

формуляр

dokumenti

документ

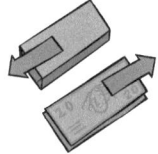

iibso

покупать

bixi

платить

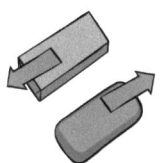

ganacso

торговать

lacag

деньги

**USD**

doollar

доллар

EUR

yuuro

евро

JPY

yenka jabbaan

иена

RUB

robolka ruushka

рубль

CHF

Franka iswiiska

франк

CNY

lacagta shiinaha

жэньминьби юань

INR

rubiyada hindiga

рупия

maqal

банкомат

xafiiska sarrifaka lacagaha

пункт обмена валюты

dahab

золото

qalin

серебро

shidaal

нефть

tamar

энергия

qiime

цена

qandaraas

договор

canshuur

налог

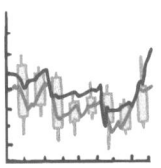

raasumaal

акция

shaqee

работать

shaqaale

служащий

shaqaaleysiiye

работодатель

warshad

фабрика

dukaan

магазин

shaqooyin

профессии

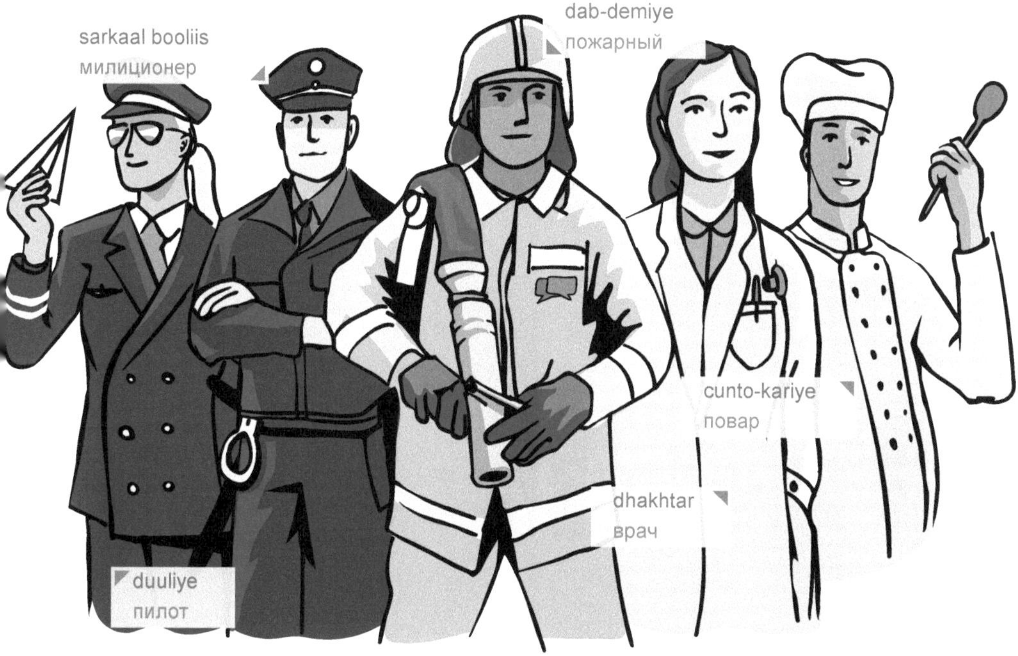
sarkaal booliis
милиционер
dab-demiye
пожарный
cunto-kariye
повар
dhakhtar
врач
duuliye
пилот

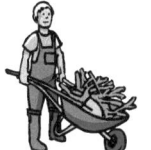

beeralley

садовник

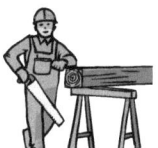

nijaar

столяр

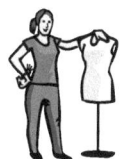

timo-qurxiso

швея

qaaddi

судья

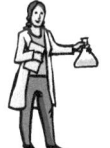

farmashiiste

химик

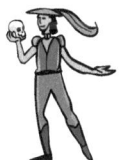

jile

актёр

darawal bas

водитель автобуса

taksiile

таксист

kalluumeyste

рыбак

nadiifiso

уборщица

saqaf-dhise

кровельщик

kabalyeeri

официант

ugaarsade

охотник

rinjiile

художник

rooti-dube

пекарь

koronto-yaqaan

электрик

dhise

строитель

injineer

инженер

kawaanle

мясник

tuubbiiste

сантехник

boostaale

почтальон

askari

солдат

injineer-dhismo

архитектор

qasnaji

кассир

ubax-yaqaan

флорист

timo-jare

парикмахер

kiro-uruuriye

кондуктор

makaanik

механик

kabtan

капитан

dhakhtar-ilko

зубной врач

saaynisyahan

ученый

wadaad yahuud

раввин

imaam

имам

xerow

монах

wadaad

священник

qalab
инструменты

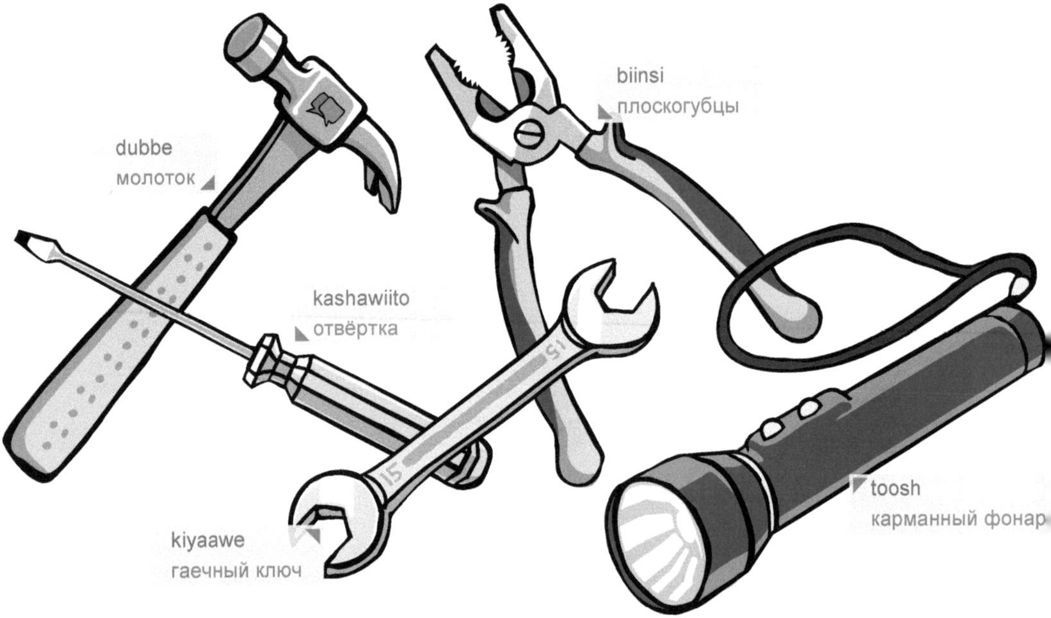
dubbe
молоток
biinsi
плоскогубцы
kashawiito
отвёртка
kiyaawe
гаечный ключ
toosh
карманный фонар

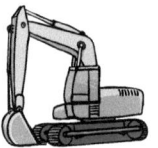

dhul-qoddo
экскаватор

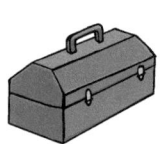

qalab-xajiye
ящик для инструментов

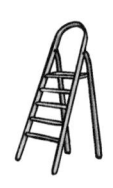

jaraanjaro
стремянка

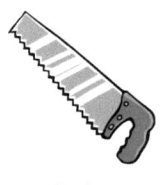

miinshaar
пила

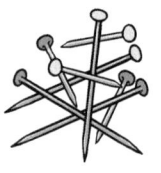

musbaarro
гвозди

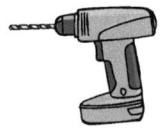

dalooliye
дрель

dayactir

ремонтировать

badiil

лопата

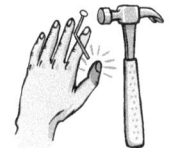

inkaar kugu dhacday!

Блин!

bus-xaabiye

совок

gasacad rinji

ведро с краской

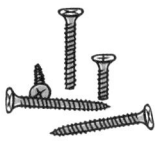

boolal

винты

qalab muusiko
музыкальные инструменты

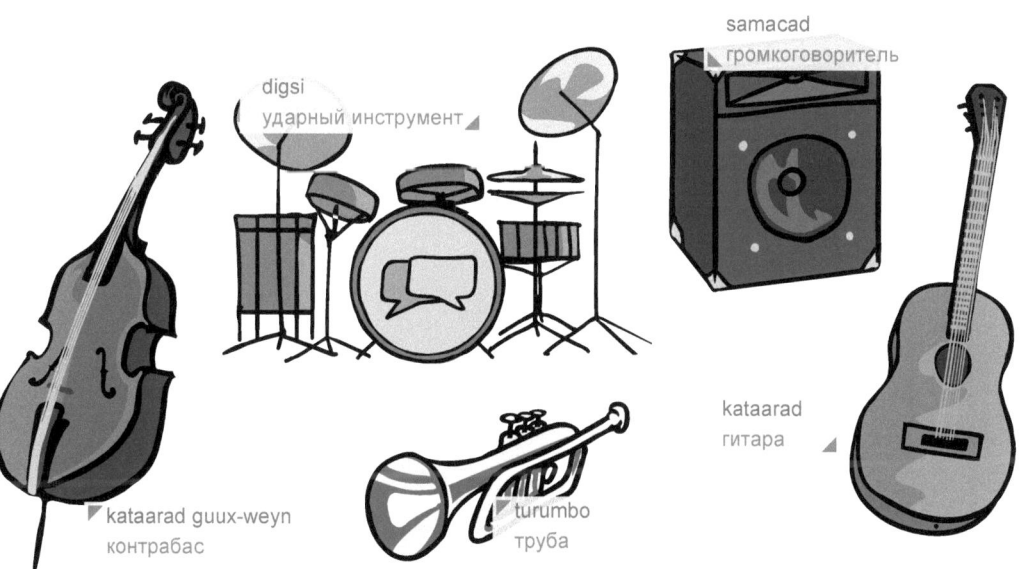

samacad
громкоговоритель

digsi
ударный инструмент

kataarad
гитара

kataarad guux-weyn
контрабас

turumbo
труба

biyaano

пианино

fiyooliin

скрипка

karaarad guux-dheer

бас-гитара

durbaan-sheegagle

литавры

durbaan

барабан

loox-xarfeed-biyaano

синтезатор

turumbo

саксофон

siin-baar

флейта

makarafoon

микрофон

beer-xayawaan

зоопарк

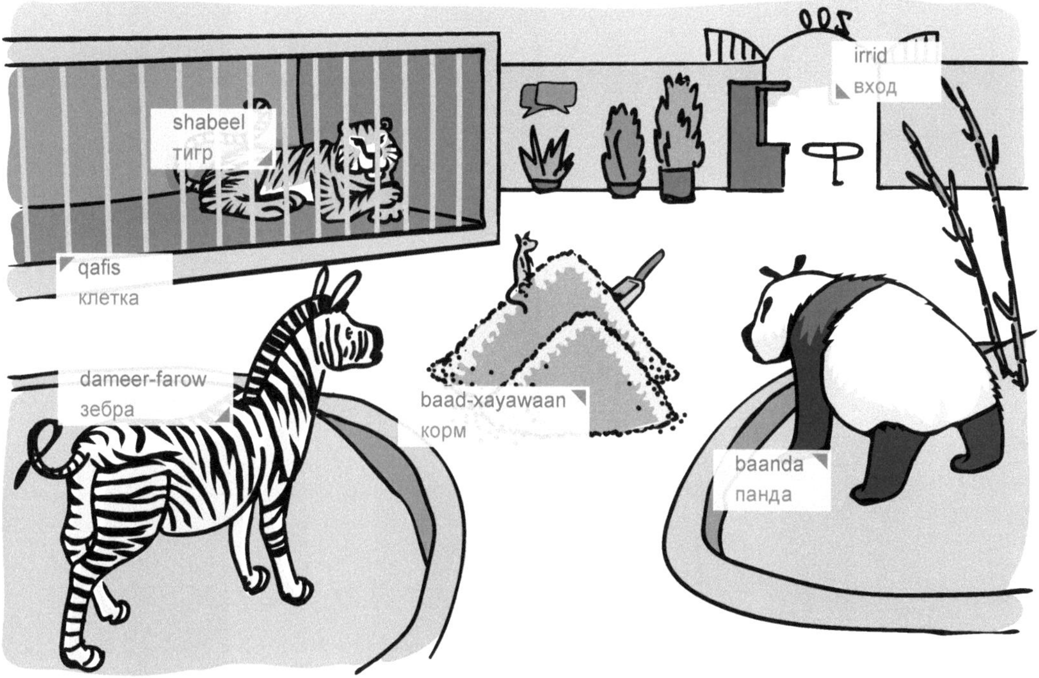
shabeel
тигр
irrid
вход
qafis
клетка
dameer-farow
зебра
baad-xayawaan
корм
baanda
панда

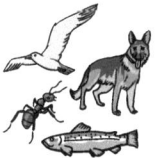

xayawaan

животные

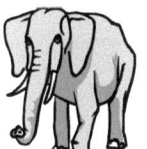

maroodi

слон

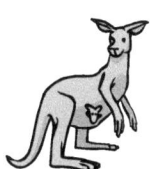

kaangaruu

кенгуру

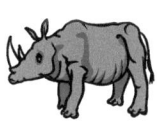

wiyil

носорог

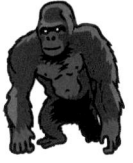

goriille

горилла

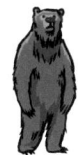

oorso

медведь

geel

верблюд

gorayo

страус

libaax

лев

daanyeer

обезьяна

xiita-luga-dheer

фламинго

baqbaqaa

попугай

oorso baraf-ku-nool

белый медведь

shimbir baraf

пингвин

libaax-badeed

акула

daa'uus

павлин

mas

змея

yaxaas

крокодил

beer-xayawaan ilaaliye

служитель зоопарка

bahal kalluun-cun

тюлень

shabeel-u-eke

ягуар

dhal faras

пони

harmacad

леопард

jeer

бегемот

geri

жираф

gorgor

орёл

doofaar-jilibeey

кабан

kalluun

рыба

qubo

черепаха

maroodi-badeed

морж

dawaco

лиса

deero

газель

kubadda-cagta maraykanka
американский футбол

tartanka bashkuleetiga
езда на велосипеде

kubbadda miiska
теннис

kubbadda koleyga
баскетбол

dabaal
плавание

cayaarta feerka
бокс

hookiga barafka lagu dhe
хоккей

kubadda cagta
футбол

baadminton
бадминтон

ciyaaraha fudud
лёгкая атлетика

kubadda gacanta
гандбол

iskii/ciyaarta barafka
лыжный спорт

cayaar-faras
поло

hawlo
действия

boodid
прыгать
hab-siin
обнимать
qosol
смеяться
soco
идти
hees
петь
riyo
мечтать
duceyso
молиться
dhunkasho
целовать

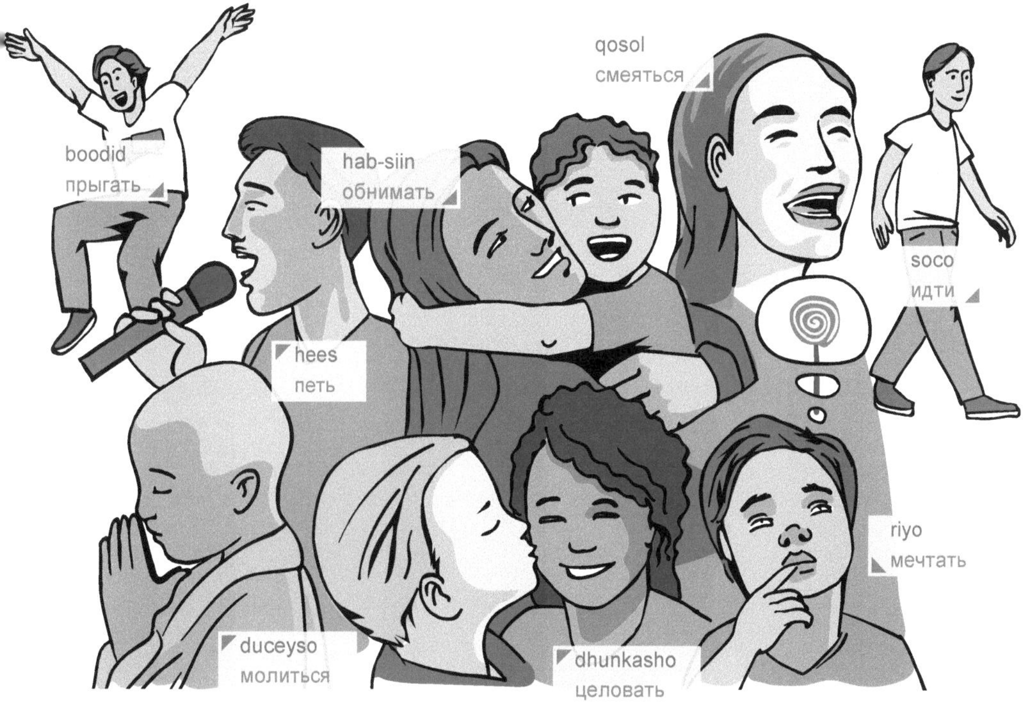

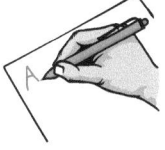

qorraxeed
писать

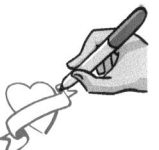

masawirid
рисовать

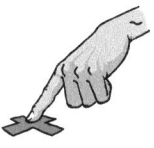

muuji
показывать

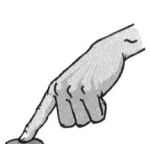

riix
нажимать

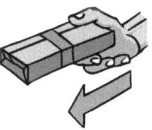

sii
давать

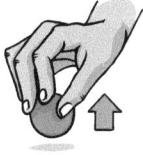

qaado
брать

haysasho

иметь

samee

делать

ahaansho

быть

istaag

стоять

orod

бежать

jiid

тянуть

tuur

бросать

dhicid

падать

been-sheegid

лежать

sug

ждать

qaad

носить

fariiso

сидеть

labiso

надевать

seexo

спать

toos

просыпаться

fiiri

рассматривать

ooy

плакать

dhuftay

гладить

shanleyso

причесывать

hadal

говорить

faham

понимать

weydii

спрашивать

dhageysasho

слушать

cab

пить

cun

кушать

habee

наводить порядок

jacayl

любить

kari

готовить

kaxee

ехать

duulid

летать

shiraaco

ходить под парусом

xisaabi

считать

akhri

читать

barasho

учиться

shaqee

работать

guurso

вступать в брак

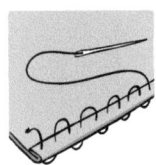

tol

шить

cadayso

чистить зубы

dilid

убивать

sigaar cab

курить

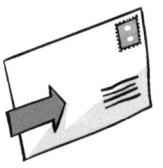

dir

отправлять

qoys
семья

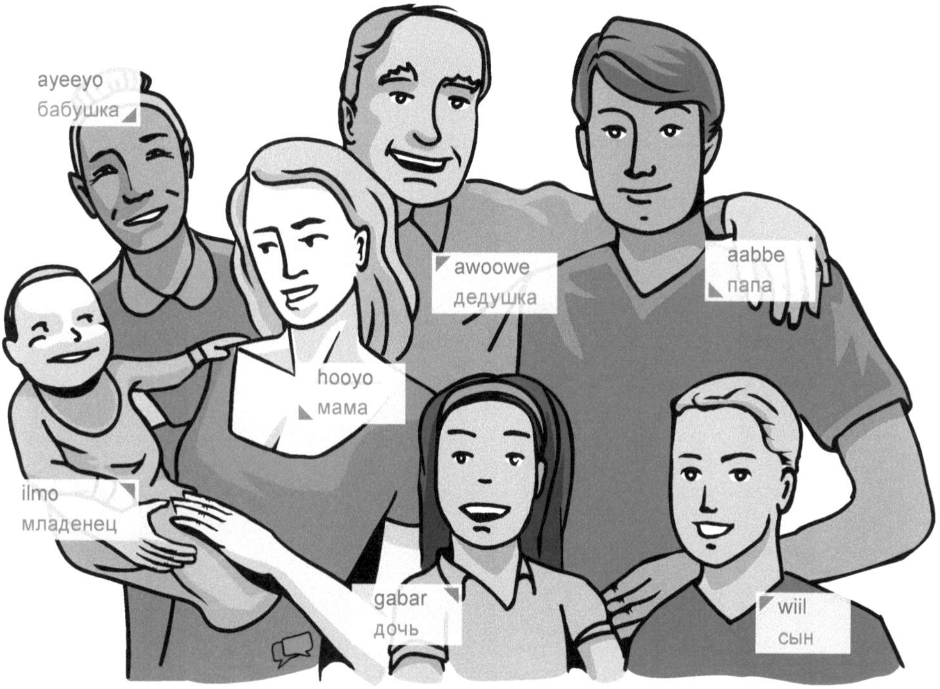
ayeeyo
бабушка
awoowe
дедушка
aabbe
папа
hooyo
мама
ilmo
младенец
gabar
дочь
wiil
сын

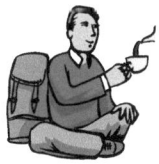

marti

гость

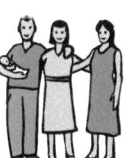

eeddo

тетя

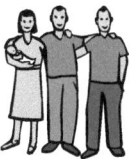

adeer

дядя

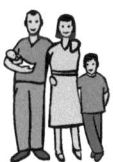

walaal rag

брат

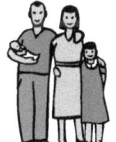

walaal dumar

сестра

jir

тело

fool
лоб
il
глаз
garab
плечо
far
палец
weji
лицо
gar
подбородок
gacan
кисть
naas
грудь
lug
нога
cudud
рука

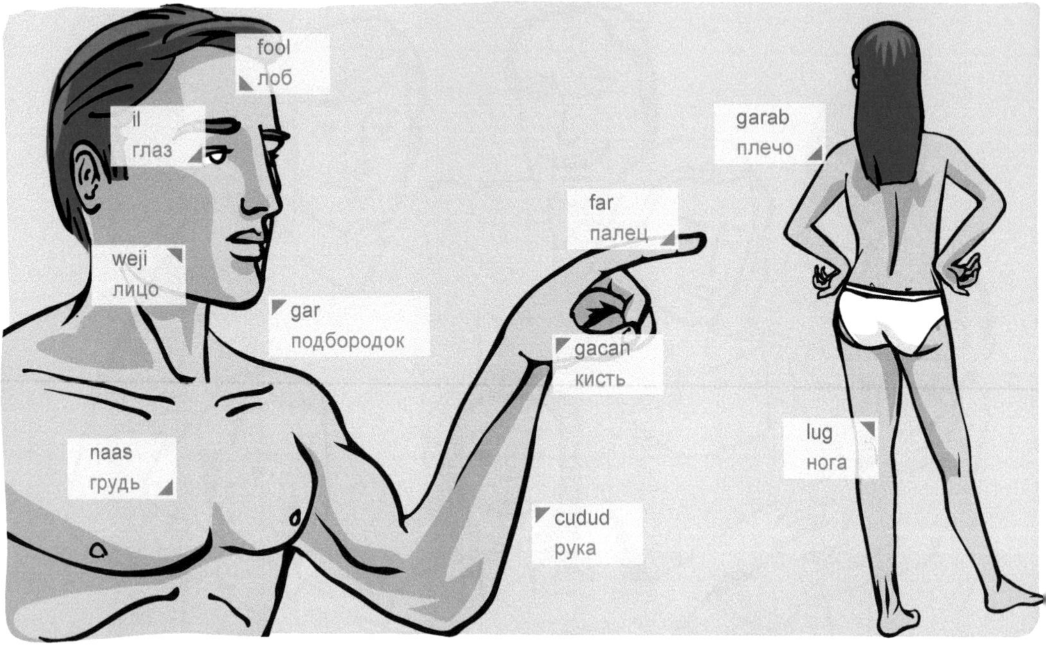

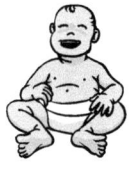

ilmo

младенец

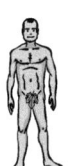

nin

мужчина

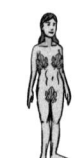

naag

женщина

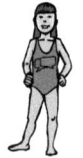

gabar

девочка

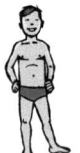

wiil

мальчик

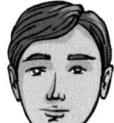

madax

голова

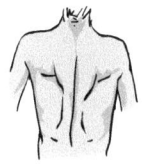

dhabar

спина

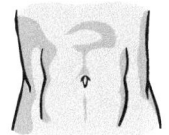

calool

живот

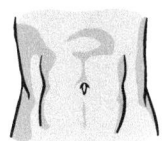

xuddun

пупок

suul

палец ноги

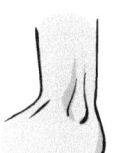

cirib

пятка

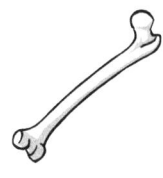

laf

кость

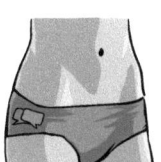

sin

бедро

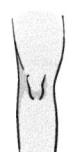

jilib

колено

xusul

локоть

san

нос

bari

ягодицы

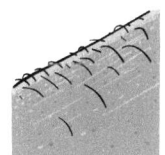

maqaar

кожа

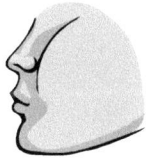

dhafoor

щека

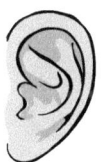

dheg

ухо

bishin

губа

af

рот

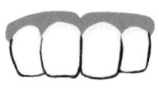

ilig

зуб

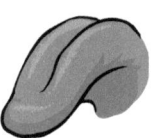

carrab

язык

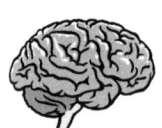

maskax

мозг

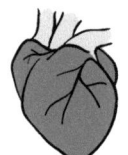

wadno

сердце

muruq

мышца

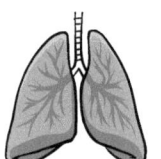

sambab

лёгкое

beer

печень

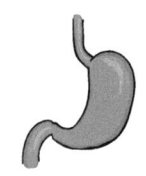

uur kujirta caloosha

желудок

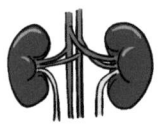

kelyo

почки

galmo

половой акт

cinjir-galmo

презерватив

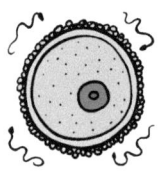

ugxan

яйцеклетка

shahwo

сперма

uur

беременность

jir - тело

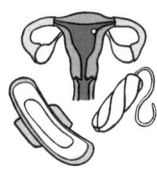

caado

менструация

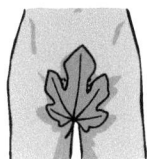

siil

вагина

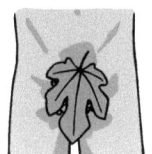

gus

пенис

suni

бровь

timo

волосы

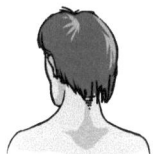

qoor

шея

jir - тело

isbitaal
больница

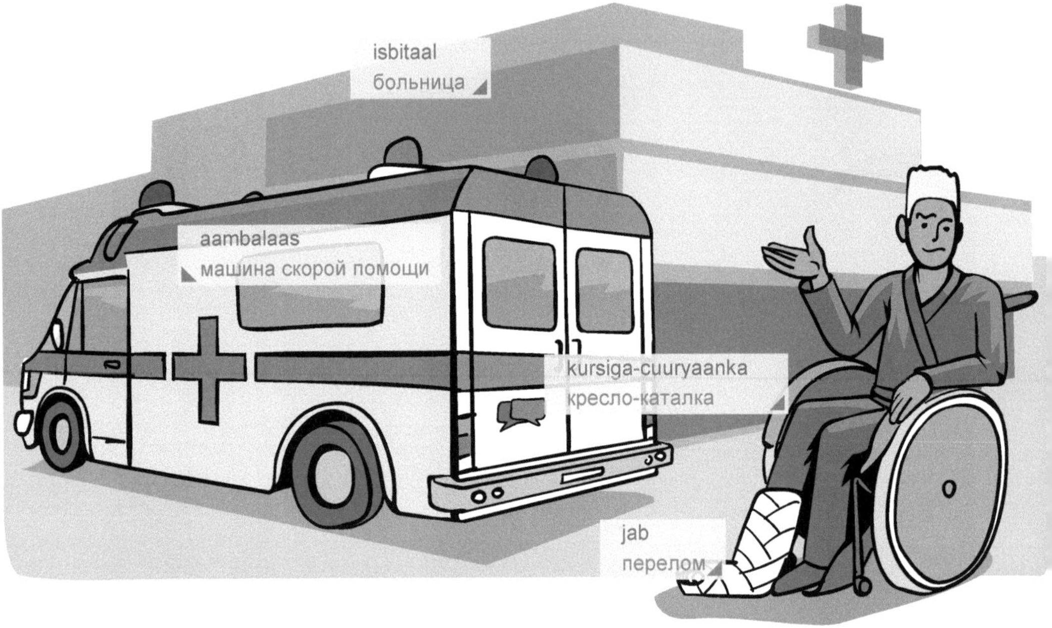

isbitaal
больница
aambalaas
машина скорой помощи
kursiga-cuuryaanka
кресло-каталка
jab
перелом

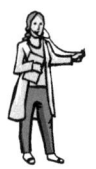

dhakhtar

врач

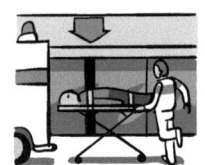

qolka xaaladaha-degdega ah

пункт первой помощи

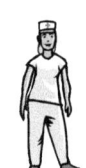

kalkaaliye

медсестра

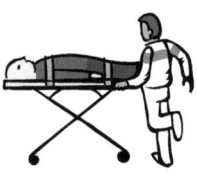

xaalad deg-deg ah

неотложный случай

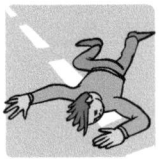

miyir-beelsan

без сознания

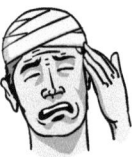

xanuun

боль

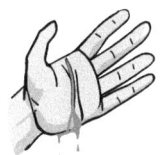

dhaawac

повреждение

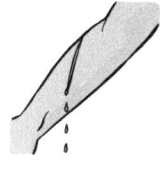

dhiig-bax

кровотечение

wadno-xanuun

инфаркт

qallal

инсульт

xasaasiyad

аллергия

qufac

кашель

qandho

повышенная температура

hargab

грипп

shuban

понос

madax-xanuun

головная боль

kansar

рак

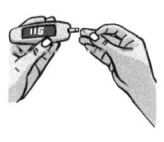

cudurka sokoroow

диабет

dhakhtarka-qalliinka

хирург

mindida qalliinka

скальпель

qalliin

операция

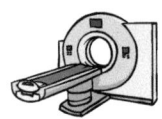

iskaan

КТ

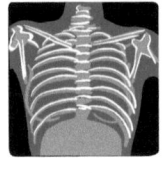

raajo

рентген

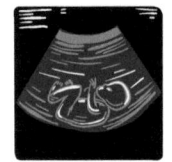

dhawaaq-xawaareed

ультразвук

maaskaro

маска

cudur sokoroow

болезнь

qolka sugitaanka

приёмная

ul lagu boodo

костыль

kab

пластырь

faashato

бинт

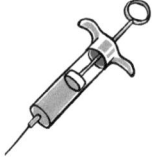

duris

укол

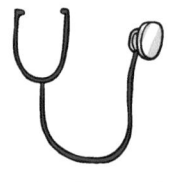

wadne-dhegeyeste

стетоскоп

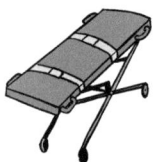

balankiino

носилки

heer-kul-beega qandhada

термометр

dhalasho

рождение

aad-u-cayilan

избыточный вес

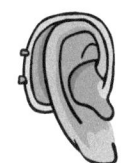

maqal-caawiye

слуховой аппарат

jeermis-dile

дезинфекционное средство

caabuq

инфекция

feyras

вирус

AYDHIS/HIV

ВИЧ / СПИД

daawo

лекарство

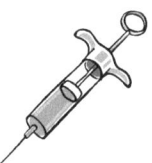

tallaal

прививка

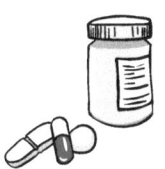

kaniiniyo

таблетки

kaniin

противозачаточная таблетка

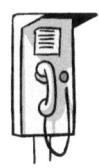

wicitaan deg-deg ah

экстренный вызов

cabbiraha dhiig-karka

прибор для измерения кровяного давления

xanuunsan / caafimaadsan

больной / здоровый

i caawiya!

Помогите!

sawaxan

сигнал тревоги

weerar-kadisa ah

нападение

weerar

атака

khatar

опасность

irridda bixida xaalad-deg-deg

запасной выход

dab!

Пожар!

dab demiye

огнетушитель

shil

несчастный случай

saduuqa xaalada-degdega ah

аптечка

codsi badbaado

SOS

booliis

милиция

Yurub

Европа

woqooyiga ameerika

Северная Америка

koonfurta ameerika

Южная Америка

Afrika

Африка

Aasiya

Азия

Oostareeliya

Австралия

Atlaantik

Атлантический океан

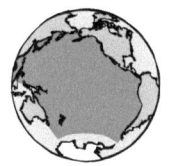

Pacific

Тихий океан

Bad-waynta hindiya

Индийский океан

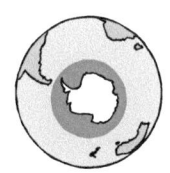

Bad-waynta antarctica

Антарктический океан

Bad-waynta arctic

Северный Ледовитый океан

cirifka waqooyi

Северный полюс

cirifka koonfureed

Южный полюс

Antarctica

Антарктика

dhul

земля

dhul

суша

bad

море

jasiirad

остров

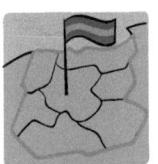

waddan

нация

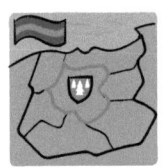

gobol

государство

dhul - земля

wajiga saacadda

циферблат

gacanka saacada

часовая стрелка

gacanka daqiiqada

минутная стрелка

gacanka ilbiriqsiga

секундная стрелка

waa intee saac?

Который час?

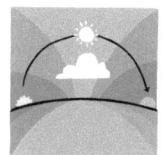

maalin

день

wakhti

время

hadda

сейчас

saacadda jiifarrada

электронные часы

daqiiqad

минута

saacad

час

toddobaad

неделя

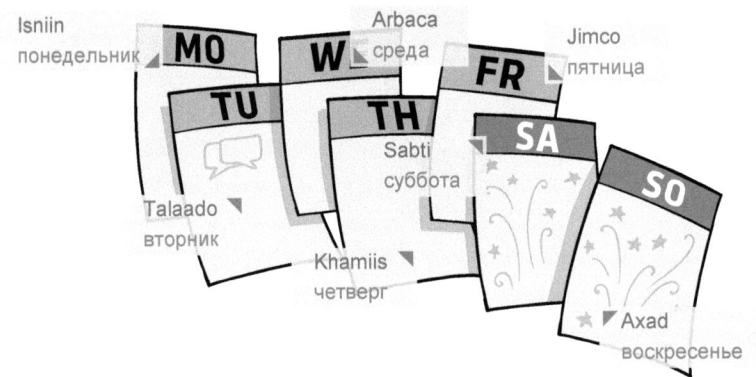

Isniin / понедельник — MO
Talaado / вторник — TU
Arbaca / среда — W
Khamiis / четверг — TH
Jimco / пятница — FR
Sabti / суббота — SA
Axad / воскресенье — SO

shalay

вчера

maanta

сегодня

berri

завтра

subax

утро

duhur

полдень

casir

вечер

maalmaha shaqo

рабочие дни

dabayaaqada usbuuca

выходные

roob
дождь

qaanso-roobaad
радуга

roob-baraf
снег

dabayl
ветер

gu'
весна

deyr
осень

xagaa
лето

jiilaal
зима

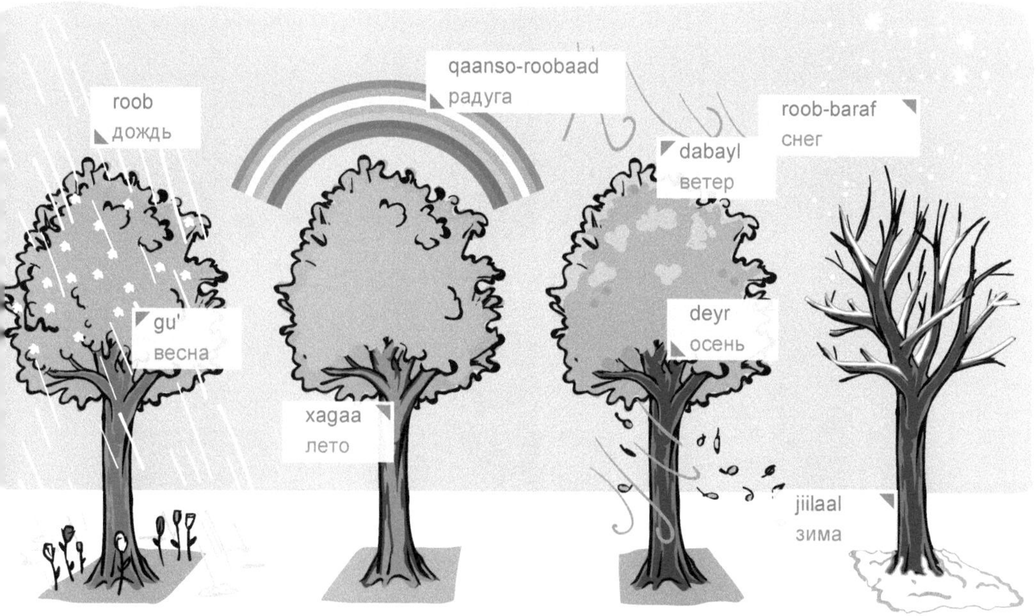

saadaal hawo

прогноз погоды

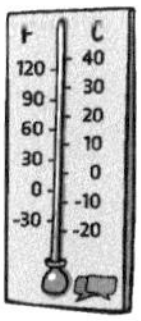

heer-kul baare

термометр

qorraxeed

солнечный свет

daruur

туча

ceeryaamo

туман

huur

влажность воздуха

jac

молния

onkod

гром

duufaan

буря

roob-baraf

град

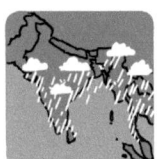

maansuun

муссон

daad

наводнение

baraf

лёд

Jannaayo

январь

Febraayo

февраль

Maarso

март

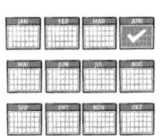

Abriil

апрель

Mey

май

Juun

июнь

Luulyo

июль

Agoosto

август

Sebteember

сентябрь

Oktoobar

октябрь

Nofeember

ноябрь

Diseember

декабрь

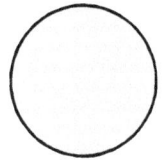

goobaabo

круг

afar-gees

квадрат

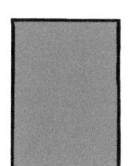

leydi

прямоугольник

saddex-xagal

треугольник

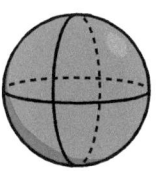

wareeg

шар

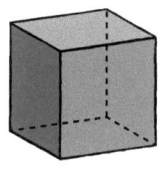

bokis

куб

caddaan

белый

hurdi

желтый

oranji

оранжевый

guduud-khafiif

розовый

casaan

красный

carwaajis

лиловый

bluug

синий

cagaar

зелёный

boroon

коричневый

cawl

серый

madow

черный

badan / yar

много / мало

caro / daganaan

яростный / мирный

qurxoon / foolxun

красивый / уродливый

billow / dhammaad

начало / конец

yar / weyn

большой / маленький

iftiin / mugdi

светлый / темный

walaalkaa / walaashaa

брат / сестра

nadiif / wasakhaysan

чистый / грязный

buuxa / dhantaalan

полный / неполный

maalin / habeen

день / ночь

dhintay / nool

мёртвый / живой

ballaaran / ciriiri ah

широкий / узкий

la cuni karo / aan la cuni karin

съедобный / несъедобный

arxan-daran / naxariis-badan

злой / дружелюбный

buuran / caateysan

толстый / худой

maran / buuxa.

полный / пустой

ugu horeeya / ugu dambeeya

сначала / в конце

adag / jilicsan

твёрдый / мягкий

xanuunsan / caafimaadsan

больной / здоровый

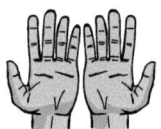

bidix / midig

слева / справа

saaxiib / cadaw

друг / враг

culus / fudud

тяжёлый / легкий

sharci-darro / sharci

незаконный / законный

dhow / fog

близко / далеко

gaajo / oon

голод / жажда

caaqil / dabbaal

умный / глупый

cusub / duug

новый / подержанный

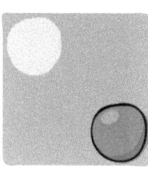

waxba / wax

ничто / нечто

da' / dhalinyar

старый / молодой

daaris / damin

включено / выключено

furan / xiran

открыто / закрыто

aamusnaan / cod-dheer

тихо / громко

taajir / sabool

богатый / бедный

sax / khalad

правильный /
неправильный

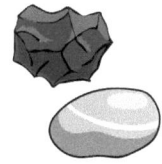

jilif leh / sabiibax

шероховатый / гладкий

murugsan / faraxsan

печальный / счастливый

gaaban / dheer

короткий / длинный

tartiib / dhaqsi

медленный / быстрый

qoyaan / qalleyl

мокрый / сухой

qandac / qabow

тёплый / прохладный

dagaal / nabad

война / мир

0

eber

ноль

1

kow

один

2

laba

два

3

saddex

три

4

afar

четыре

5

shan

пять

6

lix

шесть

7

toddoba

семь

8

sideed

восемь

9

sagaal

девять

10

toban

десять

11

kow iyo toban

одиннадцать

12

laba iyo toban

двенадцать

13

sadex iyo toban

тринадцать

14

afar iyo toban

четырнадцать

15

shan iyo toban

пятнадцать

16

lix iyo toban

шестнадцать

17

todoba iyo toban

семнадцать

18

sideed iyo toban

восемнадцать

19

sagaal iyo toban

девятнадцать

20

labaatan

двадцать

100

boqol

сто

1.000

kun

тысяча

1.000.000

malyuun

миллион

Af ingiriis

английский

Ingiriiska Mareykanka

американский английский

Mandariinka Shiinaha

мандаринский китайский

Hindi

хинди

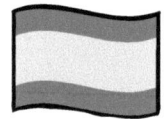

Boortaqiis

испанский

Faransiis

французский

Carabi

арабский

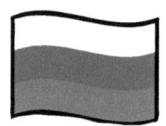

Ruush

русский

Boortaqiis

португальский

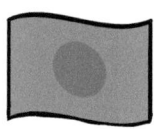

Bengaali

бенгальский

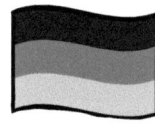

Jarmal

немецкий

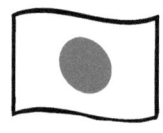

Jabaaniis

японский

aniga

я

adiga

ты

asaga / ayada

он / она / оно

annaga

мы

idinka

вы

ayaga

они

kee?

кто?

maxay?

что?

sidee?

как?

xagee?

где?

goorma?

когда?

magac

имя

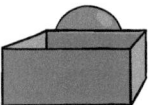

gadaal

за

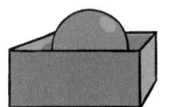

gudaha

в

horta

перед

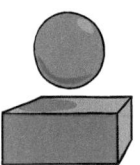

ka sare

над

dusha

на

ka hooseeya

под

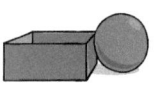

dhinac

рядом

u dhexeeya

между

meel

место